心一堂易學術數古籍整理叢刊
京氏易六親占法古籍校注系列

《郭氏洞林》《周易洞林》校注

[晉] 郭璞 原著
虎易 校注

書名：《郭氏洞林》《周易洞林》校注
系列：心一堂易學術數古籍整理叢刊　京氏易六親占法古籍校注系列
【晉】郭璞　原著
虎易　校注
編輯：陳劍聰

出版：心一堂有限公司
通訊地址：香港九龍旺角彌敦道610號荷李活商業中心十八樓05-06室
深港讀者服務中心：中國深圳市羅湖區立新路六號羅湖商業大厦負一層008室
電話號碼：(852) 90277110
網址：publish.sunyata.cc
電郵：sunyatabook@gmail.com
網店：http://book.sunyata.cc
淘宝店地址：https://sunyata.taobao.com
微店地址：https://weidian.com/s/1212826297
臉書：https://www.facebook.com/sunyatabook
讀者論壇：http://bbs.sunyata.cc

版次：二零二一年一月初版

平裝

定價：港幣　一百零八元正
新台幣　三百九十八元正

國際書號　978-988-8583-05-8

香港發行：香港聯合書刊物流有限公司
地址：香港新界荃灣德士古道220～248號荃灣工業中心16樓
電話：(852) 2150 2100　傳真：(852) 2407 3062
電郵：info@suplogistics.com.hk
網址：http://www.suplogistics.com.hk

台灣發行：秀威資訊科技股份有限公司
地址：台灣台北市內湖區瑞光路七十六巷六十五號一樓
電話號碼：+886-2-2796-3638　傳真號碼：+886-2-2796-1377
網絡書店：www.bodbooks.com.tw
台灣秀威書店讀者服務中心：
地址：台灣台北市中山區松江路二0九號1樓
電話號碼：+886-2-2518-0207
傳真號碼：+886-2-2518-0778
網址：www.govbooks.com.tw

中國大陸發行 零售：深圳心一堂文化傳播有限公司
地址：深圳市羅湖區立新路六號羅湖商業大厦負一層008室
電話號碼：(86)0755-82224934

心一堂微店二維碼

心一堂淘寶店二維碼

《京氏易六親占法古籍校注》總序（代自序）

中國古代的占卜預測，源遠流長，林林總總，類型繁多。例如：龜卜占、象占、星占、夢占、風角鳥占、拆字占、手面相占、奇門、六壬、太乙、四柱八字、六爻占、六親占、梅花易占、紫微占、雜占等各種術數占卜預測方法。《左傳》、《國語》、《史記》以及二十五史和各種古代筆記等著作，就記錄有很多預測的占例。清代《欽定四庫全書》，將各種預測類的書籍，統歸於《子部•術數類》，因此，各種預測的方法和門類，又可統稱為「術數」。「京氏易六親占法」，就是這些術數中的一個獨立的預測種類。

（一）

「京氏易六親占法」，是西漢•京房創立的以易經為基礎，採用納甲、五行、六親等各種體例，納入卦中的一種預測方法，也是各種術數中比較系統和成熟的方法。據《漢書•眭兩夏侯京翼李傳》記載：「京房字君明，東郡頓丘人也。治《易》，事梁人焦延壽」。又曰：「房本姓李，推律自定為京氏」。又曰：「其說長於災變，分六十四卦，更直日用事，以風雨寒溫為候，各有占驗。房用之尤精。好鐘律，知音聲」。《漢書•儒林傳》曰：「京房受《易》梁人焦延壽。延壽云：『嘗從孟喜問《易》』。會喜死，房以為延壽《易》即孟氏學，翟牧、白生不肯，皆曰非也。至成帝時，劉向校書，考《易》說，以為諸《易》家說皆祖田何、楊叔元、丁將軍，大誼略同，唯京氏為異，倘焦延壽獨得隱士之說，托之孟氏，不相與同。房以明災異得幸，為石顯所譖誅，自有傳。房授東海殷嘉、河東姚平、河南乘弘，皆為郎、博士。由是《易》有京氏之學」。「自武帝立《五經》博士，開弟子員，設科射策，勸以官祿」。「至元帝世，復立《京氏易》」。「京氏易」在漢代元帝時被立為博士，足以證明其學說，是當時具有很高學術地位和學術價值的。

《欽定四庫全書》提要記載：「《京氏易傳》三卷，漢•京房撰、吳•陸績注」。「績有易注，已著錄房所著有《易傳》三卷，《周易章句》十卷，《周易錯卦》十卷，《周易妖占》十二卷，《周易占事》十二卷，《周易守株》三卷，《周易飛候》九卷，又六卷《周易飛候》，《六日七分》八卷，《周易四時候》四卷，《周易混沌》四卷，《周易委化》四卷，《周易逆刺占災異》十二卷，《易傳積算法、集占條例》一卷。今惟《易傳》存」。從以上記錄可以知道，京房的著作，唯有《京氏易傳》得以保存下來，絕大多數都已經亡佚。

南宋•晁公武（約1104—約1183年）《郡齋讀書志》曰：「景迂嘗曰：余自元豐壬戌偶脫去舉子事業，便有志學易，而輒好王氏。本妄以謂弼之外，當自有名象者，果得京氏傳。而文字顛倒舛訛，不可訓知。迨其服習甚久，漸有所窺，今三十有四年矣，乃能以其象數，辨正文字之舛謬。於邊郡山房寂寞之中，而私識之曰：是書兆《乾》《坤》之二象以成八卦，凡八變而六十有四。於其往來升降之際，以觀消息盈虛於天地之元，而酬酢乎萬物之表者，炳然在目也」。從以上記錄可知，目前傳世的《京氏易傳》，是北宋•晁景迂經歷三十四年的研究後，重新編排整理成書的。

唐宋以前記錄有「京氏易六親占法」相關資料，惟有元代胡一桂收錄的晉代郭璞的《郭氏洞林》了。

《火珠林》是目前存世的「京氏易六親占法」的第一本系統性著作，作者題為「麻衣道者」，後人據此認為，大約是唐末宋初的作品。宋人項世安（1129－1208）謂：「以京房考之，世所傳《火珠林》即其遺法，《火珠林》即交單重拆也」。張行成亦謂：「《火珠林》之用，祖於京房」。《朱子語類》曰：「卜卦之錢，用甲子起卦，始於京房」。又云：「今人以三錢當揲蓍，乃漢•焦贛、京房之學」。

自《京氏易傳》、《火珠林》重新問世，其後宋、元、明、清時期，又有《卜筮元龜》、《海底眼》、《天玄賦》、《黃金策》、《易林補遺》、《易隱》、《易冒》、《增刪卜易》、《卜筮正宗》等著作，以及《卜筮全書》、《斷易天機》、《易隱》等輯錄本著作面世，經歷代作者不斷實踐，修改、注釋、補遺，使「京氏易六親占法」這種優秀的文化遺產，得以不斷傳承和完善。

（二）

為了讓讀者對「京氏易六親占法」系列古籍著作，有個初步的瞭解，下面對選擇、注釋和整理的「京氏易六親占法」系列古籍著作，選擇的校錄版本及內容，做一個簡單的介紹，供讀者參考。

京氏易六親占法古籍著作叢書之一《京氏易傳》：

作者：漢•京房：（公元前77年—前37年。）據【明•兵部侍郎范欽訂】「天一閣」本，作為校錄底本，參考《漢魏叢書•明•新安程榮校》本，及《欽定四庫全書》，校注整理。字數大約4.1萬。

《京氏易傳》，是漢代•京房的著作，據《郡齋讀書志》晁公武曰：「漢《藝文志》易京氏凡三種，八十九篇。隋《經籍志》有《京氏章句》十卷，又有《占候》十種，七十三卷。唐《藝文志》有《京氏章句》十卷，而《易占候》存者五種，二十三卷。今其章句亡矣。乃略見於僧一行及李鼎祚之書。今傳者曰《京氏積算易傳》三卷，《雜占條例法》一卷，或共題《易傳》四卷，而名皆與古不同。今所謂《京氏易傳》者，或題曰《京氏積算易傳》者，疑隋、唐《志》之《錯卦》是也。《雜占條例法》者，疑唐《志》之《逆刺占災異》是也。《錯卦》在隋七卷，唐八卷，所謂《積算》《雜》《逆刺占災異》十二卷是也。至唐，《逆刺》三卷，而亡其八卷。元佑八年，高麗進書，有《京氏周易占》十卷，疑隋《周易占》十二卷是也。是古易家有書，而無傳者多矣。京氏之書，幸而與存者才十之一，尚何離夫師說邪」？目前京房的著作，繼續傳世的僅《京氏易傳》，其他著作均已亡佚。《京氏易傳》構建了「京氏易六親占法」的的理論基礎，以及六親體系架構，為該占法提供了理論和體系上的重要框架。

京氏易六親占法古籍著作叢書之二（一）《郭氏洞林》

作者：晉•郭璞：（公元276年—324年）。元•胡一桂抄錄。據《欽定四庫全書•周易啟蒙翼傳•外篇》本，作為校錄底本，參考《欽定古今圖書集成》理學彙編經籍典•易經部•易學別傳十一•晉《郭璞洞林》，校注整理。字數大約0.8萬。

《郭氏洞林》是最早集錄郭璞卦例的著作，其收錄的十三個卦例，對於後來的學者，研究郭璞的占法及其思路，是很好的原始資料，對於研究郭璞的易學思想和占法，具有一定的參考價值。

京氏易六親占法古籍著作叢書之二（二）《周易洞林》：

作者：晉•郭璞：（公元276年—324年）。清•王謨輯。據清嘉慶3年王謨刻本，作為校錄底本，校注整理。字數大約1.4萬。

《周易洞林》在《郭氏洞林》的基礎上，又從其他古籍中，收錄了一些關於郭璞的卦例和事例，對於研究郭璞的思想和占法，具有一定的參考價值。

京氏易六親占法古籍著作叢書之三《易洞林》：

作者：晉•郭璞：（公元276年—324年）。清•馬國翰輯。據虛白盧藏嫏嬛館補校本，即《玉函山房輯佚書》本，作為校錄底本，校注整理。字數大約2.4萬。

《易洞林》也是在《郭氏洞林》和《周易洞林》的基礎上，又從其他古籍中，收錄了一些關於郭璞的卦例和事例，對於研究郭璞的思想和占法，具有一定的參考價值。

京氏易六親占法古籍著作叢書之四《火珠林》：

作者：麻衣道者。相傳為唐末宋初時期的著作。據虛白盧藏《漢鏡齋秘書四種•火珠林》本，作為校錄底本，校注整理。字數大約5.9萬。

《火珠林》這本著作的問世，為「京氏易六親占法」的應用，提供了第一本系統的著作。該著作對京氏易的體例進行了論述，也用一些占例，解說了「京氏易六親占法」的應用方法，本書對於研究「京氏易六親占法」，具有很高的學術價值，也具有很重要的研究和參考價值。

京氏易六親占法古籍著作叢書之五《增注周易神應六親百章海底眼》，簡稱《增注海底眼》：

作者：王鼒；重編：何侁、信亨。南宋・淳佑（甲辰年・公元1244年）。據《續修四庫全書》一〇五五冊・子部・術數類《增注周易神應六親百章海底眼》本，作為校錄底本，參考「國家圖書館・古籍館」清代抄本，校注整理。字數大約2萬。

《增注海底眼》這本著作，著重論述了一些基本概念和知識，以及五行的對應方法和應用，並編制大量歌訣，幫助讀者理解和記憶。特別是對六親的概念，進行了重點論述，本書是「京氏易六親占法」體系中的一本重要著作，對於研究「京氏易六親占法」传承，具有比較重要的研究和參考價值。

京氏易六親占法古籍著作叢書之六《大易斷例卜筮元龜》，簡稱《卜筮元龜》：

作者：元•蕭吉文。元•大德十一年（丁未年•公元1307年）。據日本京都大學附屬圖書館《大易斷例卜筮元龜》手抄本上卷本，作為校錄底本，參考《斷易天機》輯錄資料，校注整理。字數大約9.5萬。

《卜筮元龜》這本著作，在國內基本已經失傳了，這次是根據日本京都大學附屬圖書館《大易斷例卜筮元龜》手抄本，校對注釋整理的。該著作首次附入大量配圖，補充了「京氏易六親占法」應用的很多基礎知識和概念，並首次提出了「以錢代蓍法」的成卦方法，將「京氏易六親占法」占卜預測分門別類，作了進一步的細化，本書也是「京氏易六親占法」體系中的一本重要著作，對于研究「京氏易六親占法」传承，具有很重要的研究和參考價值。

京氏易六親占法古籍著作叢書之七《周易尚占》：

作者：元•李清庵。元•大德十一年（丁未年•公元1307年）。據《四庫全書存目叢書•子部•術數類•周易尚占》本，作為校錄底本，校注整理。字數大約4.2萬。

《周易尚占》這本著作，是與《卜筮元龜》為同一時期的作品，首次附入十幅配圖，補充了「京氏易六親占法」應用的一些基礎知識和概念，下卷有六十四卦納甲、世應等內容，並有六十四卦的詩歌斷例，具有一定的參考價值。

京氏易六親占法古籍著作叢書之八《新鍥纂集諸家全書大成斷易天機》，又稱為《增補鬼谷源流斷易天機》（寶善堂梓行），簡稱《斷易天機》：

作者：明・劉世傑。明・嘉靖十七年（戊戌年・公元1538年）。豫錦誠・徐紹錦校正；閩書林・鄭雲齋梓行本，作為校錄底本，參考《卜筮元龜》、《卜筮全書》等著作，校注整理。字數大約39.6萬。

《斷易天機》這本著作的初版，在國內基本已經失傳了，這次是根據心一堂據日本傳本影印版校對注釋整理的。本書是「京氏易六親占法」的第二個匯輯本，收錄了此前「京氏易六親占法」各種著作，各種基礎知識理論和實踐方法內容，特別是首次出現了「鬼谷辨爻法」這種六親爻位的對應方法，為「京氏易六親占法」的應用，提供了預測分析的思路，擴展了預測分析的信息。這本著作，是「京氏易六親占法」系列古籍中的一本重要著作，對於研究「京氏易六親占法」傳承，具有很重要的研究和參考價值。

京氏易六親占法古籍著作叢書之九《易林補遺》：

作者：明•張世寶。萬曆三十四年（丙午年•公元1306年）。據《易林補遺》初版本，作為校錄底本，校注整理。字數大約14.5萬。

《易林補遺》這本著作，對「京氏易六親占法」以前各種著作的缺失，進行了一些分析和補充。作者雖然是一個盲人，但不迷信於鬼神，根據當時社會上普遍存在的有病則求神問卜的現象，他主張有病應該找醫生治療，避免殘害生命以及造成錢財的浪費。他提出了「爻有伏有飛，伏無不用」的論述，把「飛伏」的應用方法，更加彰顯出來。並成功的將「反吟」、「伏吟」的概念，納入「京氏易六親占法」體系，使這個體系的應用更加完備。

京氏易六親占法古籍著作叢書之十《卜筮全書》：

作者：明•姚際隆。崇禎三年（庚午年•公元1630年）。據《卜筮全書》初版本，作為校錄底本，校注整理。字數大約34.8萬。

《卜筮全書》這本著作，是「京氏易六親占法」的第一個匯輯本，首次正式納入了《天玄賦》這本著作。現存的書籍，是後來修訂的版本，首次正式納入了《黃金策》，對京氏易占法的理論和實踐體系，比較全面的進行了彙編，具有很重要的研究和參考價值。

京氏易六親占法古籍著作叢書之十一《易隱》：

作者：明•曹九錫（明•天啟五年前後•公元1625年前後）。據「國家圖書館•古籍館」最早版本，作為校錄底本，參考清代多個版本，校注整理。字數大約21.3萬。

《易隱》這本著作，應該是「京氏易六親占法」的第三個匯輯本，書中引錄了大量古籍資料。特別是其中「身命占」和「家宅占」的內容，將預測分類更細，也為後來的學者，提供了一個細化分析的基本框架，具有重要的研究價值。

京氏易六親占法古籍著作叢書之十二《易冒》：

作者：清•程良玉。清•康熙三年（甲辰年•公元1664年）。據江蘇巡撫採進本，作為校錄底本，校注整理。字數大約12.7萬。

《易冒》這本著作，作者雖然也是一位盲人，但他對於很多基礎知識，進行追本求源，並對其來源及推演方法，進行了論述。對於各種成卦方式，他提出了自己的看法，對幫助讀者打破迷信，樹立客觀的思想，起到重要作用。本書在學術研究上，具有一定的價值。

京氏易六親占法古籍著作叢書之十三《增刪卜易》：

作者：清•李文輝。清•康熙二十九年（庚午年•公元1690年）。據清•康熙年間古吳陳長卿刻本《增刪卜易》爲底本，作為校錄底本，校注整理。字數大約25.2萬。

《增刪卜易》這本著作，對「京氏易六親占法」的應用，化繁為簡，提出採用指占之法，讓信息直接切入預測的核心。又提出分占之法，便於釐清不易辨別的問題，避免信息產生混淆。同時，還提出了多占之法，用以追蹤求測人所疑，查找產生問題的原因，尋找出解決問題的方法。當設計出解決問題的方法後，還可以檢驗其是否具有解決問題的功能。本書在學術研究上，具有一定的價值。

京氏易六親占法古籍著作叢書之十四《卜筮正宗》：

作者：清•王洪緒。清•康熙四十八年（己丑年•公元1709年）。據清初刻本，作為校錄底本，校注整理。字數大約21.8萬。

《卜筮正宗》這本著作，對《黃金策》的注釋部分，有自己獨特的見解。對當時社會上存在的一些問題，也做出了自己的回答。對十八個類型的問題，也進行了論述。不足之處，在於作者為了強求對應，篡改了《增刪卜易》一些卦例的原始內容，這些需要讀者注意的。

京氏易六親占法古籍著作叢書之十五《御定卜筮精蘊》：

作者不詳，大約是清代的版本。據《故宮珍本叢刊》本，作為校錄底本，校注整理。字數大約7.5萬。

《御定卜筮精蘊》這本著作，是「京氏易六親占法」體例的一個精編本，大量內容都是從之前的古籍中來。作者去粗取精，去偽存真，也是具有一定研究價值的著作。

【編按：以上大部分版本，輯入《心一堂易學經典叢刊》或《心一堂術數古籍珍本叢刊》】

（三）

我為什麼要把這些古籍著作，定名為「京氏易六親占法」呢？我這樣做，既是為了統一學術稱謂，也是為了給「京氏易」正名，使「京氏易」占法不至於与其他占卜方式混淆。《京氏易傳》是將六十四卦，分屬乾、震、坎、艮、坤、巽、離、兌八宮，一宮統八卦。八宮所屬五行，乾、兌宮屬金，震、巽宮屬木，坎宮屬水，離宮屬火，坤、艮宮屬土。每個卦所附「父母、官鬼、兄弟、子孫、妻財」等六親，是根據這個卦原來所屬之宮的五行，按「生我者為父母、我生者為子孫、尅我者為官鬼、我尅者為妻財、比和者為兄弟」的體例，推演得來的。預測時以六親類比事物的爻，也稱為「用神」，「用爻」，「用事爻」等等，用來分析事物的吉凶發展趨勢。

《火珠林•序》曰：「繼自四聖人後，易卜以錢代蓍，法後天八宮卦，變以致用，實補前人未備之一端，見《京房易傳》，未詳始自何人。先賢云：『後天八宮卦，變六十四卦，即《火珠林》法』，則是書當為錢卜所宗仰也，特派衍支分，人爭著述，炫奇標異，原旨反晦。今得麻衣道者鈔本，反覆詳究。其論六親，財官輔助，合世應、日月、飛伏、動靜，並剋害、刑合、墓旺、空沖以定斷。與時傳易卜，同中有異，古法可參。如所云『卦定根源，六親為主，爻究傍通，五行而取』，即《京君明海底眼》『不離元宮五向推』之旨也」。

《增注海底眼•六親》曰：「六親占法少人知，不離元宮五向推」。本書提出「六親占法」的概念，我認為「六親占法」是最能代表京氏易預測體系特徵的名稱，比之「納甲占法」和「六爻占法」的說法，更為名實相符，客觀合理一些。

基於京氏易預測體系的特徵，我認為，凡採用京氏易體系預測理論及方法，就應該稱為「京氏易六親占法」，或者稱為「京氏易六親預測法」，或簡稱為「六親占法」、「六親預測法」為宜。

《論語•子路》曰：「子曰：『必也正名乎』」，「名不正，則言不順；言不順，則事不成」。經歷了二十多年的混亂，現在是到了應該為「京氏易六親占法」正名的時候了。為什麼要為「京氏易六親占法」正名呢？只有名正，實符，稱謂統一，大家交流才會順暢，有共同語言，理解才不會產生歧義，進行學術的研究才能進入正軌。同時，也可以讓後來的學習者，不被社會上各種廣告性名詞所欺騙和誤導。

從古至今，都有學者提出以「納甲」命名的名稱，他們是根據「京氏易」體系，將每個卦納入天干的特徵而命名的。我們知道，京氏易體系，除了納入天干，還有納入地支，五星，二十八宿，六親等各種內容，而「納甲」并非是具有「京氏易」占法主要特徵的名稱。當然，也有占卜書籍，根據採用金錢搖卦的起卦方式，命名為「金錢占卦法」的。

上世紀九十年代後，社會上「大師輩出」，他們提出很多新奇的名詞，比如什麼「太極預測法」、「無極預測法」。我們看看《漢典》對「太極」和「無極」的解釋：古代哲學家稱最原始的混沌之氣為「太極」。天地混沌未分以前，稱為「太極」。「中國古代哲學中認為形成宇宙萬物的本原。以其無形無象，無聲無色，無始無終，無可指名，故曰無極」。從《漢典》的解釋看，很顯然，這兩種命名與「京氏易」預測方式是不吻合的，這樣的名詞，只是為了吸引讀者眼球，採用新奇的名詞而已。

至於社會上還流傳的「六爻預測法」、「新派六爻法」、「盲派六爻」、「道家六爻」，「道家換宮六爻」等等名稱，不一而足，無非是為了標新立異。以上各種名稱，以簡稱「六爻」者為多，因此，「六爻」這個名詞，就成為民間大眾對「京氏易六親占法」的俗稱了。

「六爻」　這個名稱，是以卦有六個爻的特徵命名，是古代經學的代表名稱，在「京氏易」占法中，並不具有代表性。我們應該知道，古人經學所稱的「六爻占」法，是採用卦爻辭和象辭進行預測的方法，如《新鍥纂集諸家全書大成斷易天機》第三、四卷，其中就有「六爻詩斷」的內容，讀者可以參閱。

還有人將「京氏易六親占法」體系的預測方法，分成什麼「傳統派」，「新派」，「象法派」，「理法派」、「盲派」等等，這些名稱，只能是某一個類型的表示，與京氏易採用「象數理占」為一體的預測方式，是不能類比的。

由於社會上紛紛擾擾的各種說法，導致大家對京氏易預測方法產生混亂的看法，致使大家在交流時，產生了學術上的一些混亂。

我認為，早期邵偉華先生用《周易預測學》的名稱，是為了避免當時意識形態影響的原因而採用的名稱，但之後出現的各種名稱，無非是為了標新立異，吸引讀者眼球，或是有欺騙讀者的廣告嫌疑。因此，現在已經到了必須為「京氏易六親占法」正名的时候了。

（四）

根據我在社會上和網絡上的多年學習和實踐觀察，發現目前在「京氏易六親占法」學習上，普遍存在著一些誤區，應該引起大家的注意。

一是由於國家對於術數，持比較低調的態度，出版的古籍由於選擇底版的不足，即使是正規出版的書籍，因編輯自身能力的原因，也存在太多錯誤，或者出現一些缺漏，影響了讀者的正常學習。加上這二十多年來，「大師」輩出，他們印刷了很多並非合法的資料，還有一些人，將一些資料東拼西湊成書，更是誤導了很多讀者。

二是有些人認為，「京氏易六親占法」不如「三式」準確，「三式」才是術數中最好，最準確的。《四庫全書總目•術數二•六壬大全》：「六壬與遁甲、太乙，世謂之三式」。根據我和很多朋友的交流和實踐，我認為，術數無高低之分，只有學得好與不好之別，沒有任何一門術數可以稱為是最準確和最好的。讀者應該根據各自的興趣愛好，選擇適合自己學習種類。

三是有些人認為，只有找「大師」學習，得到所謂秘訣，才能學好用活。我們知道，早期由於歷史的原因，古籍資料獲得不易，大家尋求不到可以學習的資料，因此造成很多不明真相的後學，被一些「大師」矇騙錢財。我認為，學習任何術數，都沒有所謂的秘訣，只有基礎知識扎實，才是最好的秘訣。另外，在網絡上，很多群和聊天室，大多數人都還停留在猜謎語式的猜測中，不能客觀的運用「象數理占」的基本分析方法，去進行分析判斷，既可能誤導求測人，又對自己的學習無益，這樣的現象是不太正常的。我認為在現代社會，每個人都可以利用網絡，獲取各種資料信息，應該多讀一些書，多和不同的人去交流，利用網絡資源去學習，在實踐中去加深對理論和基礎知識的理解，要把每一個求測人都當作老師，從他們反饋的客觀信息，不斷有意識、有條理的訓練自己。只要不斷努力積累各種基礎知識以及社會常識，勤於記錄，多作積累，自然就能學得好、用得活。當然，如果有機會和條件的話，有老師指導學習，是可以少走一些彎路的。對於有自學能力的人來說，只要有精良的書籍版本，自學也是可以成功的。

四是有些人認為，「京氏易六親占法」預測，只有採用乾隆銅錢搖卦，才是最準確的。據可考的古籍記載，我國最早的成卦方式，應該是「蓍草揲蓍」法，即分數蓍草，得數以成卦的方法。除此之外，後世的先賢們，還創造了多種成卦的方法，例如「以錢代蓍」，「風角」，「字畫」，「數字」等各種成卦方法，讀者可參考《梅花易數》及其他相關書籍，去瞭解這些應用方法。對於各種成卦方式，古今均有各種非議，即使是目前被大家認同的「以錢代蓍」法，據《易隱》記載，也曾經被京房之師焦延壽批評過。《易隱•以錢代蓍法》曰：「焦延壽曰：今人以蓍草難得，用金錢代之。法固簡易，非其類矣。求蓍之代者，太極丸其庶幾乎。考諸陰陽老少之數，則合。質諸成爻成卦之變，則符。合二三得五，是五行之數也。計一丸得十五，是河圖中宮十五之數，洛書縱橫十五之數也。刑同六合，道備三才，甚矣。木丸之似蓍草也，則猶從其類也。金錢簡易云乎哉」。

現代的「大師」們，跟隨古代一些崇古的人，發展了這種崇古的思維。他們認為，乾隆銅錢具有良好的導電性，可以傳遞什麼古代信息，殘存信息，未來信息等等，因此只有採用乾隆銅錢成卦才是最好的，還有人認為，應該採用五帝錢成卦，信息量就大，還有人認為，應該採用「五帝」錢成卦，信息量就大，信息才準確。如果採用其他的銅錢成卦，就可能會造成信息不準確。如果採用數字起卦，或者其他方式成卦，則會造成信息量不足，更不準確了。

我認為，以上這些說法，是十分滑稽可笑和荒謬的，沒有任何理論和實踐的依據。試問，如果說銅的導電性好，那麼銀比銅的導電性更好，為什麼不採用銀幣呢？這都是出於他們崇古的思維，或限於他們自己僅會某種方法，或出於其他目的，或出於他們並沒有真正理解《易經》「感而遂通」之理，均屬無稽之談，讀者不可盲目迷信。

《易冒•自序》曰：「古之人，有以風占、鳥占、諺占，言語卜、威儀卜、政事卜，是無卜筮，而知吉凶也。況蓍草、金錢、木丸之占，而必執同異相非乎」？又曰：「愚以為：易者，象也；象也者，像也。其辭則異，其象則符。但告於蓍則以蓍占，告於五行則以五行占，告於焦氏則以焦氏占可也。其成卦成爻一也」。三百五十年前的一个盲人作者，尚且具有如此見識，實可令以上非議之人汗顏。

我認為，時代在不斷變化，我們現在已經進入電腦手機時代，很多網上的排盤系統，都是十分快捷的方法。為人預測和給自己預測，不管採用何種方式成卦，都可以獲取與求測的人和事物相關的客觀信息。各種成卦方式的原理，不在於採用乾隆銅錢所謂「導電性」是否良好，而是在於《易傳》所說的「感而遂通」。其要點在於，求測人求測時的「一念之誠」，即客觀的說明需要預測的事物，不可雜亂。

五是有些人認為，預測的結果，吉凶應該就是唯一的。我們知道，人們預測的目的，就是為了「趨吉避凶」，不是僅僅需要知道一個所謂吉凶的結果，而是希望讓事物能夠向有利於自己的方向，避開不利於自己的方向，得到有效改善和發展。這樣不是很矛盾嗎？既然吉凶的結果是唯一的，如何又能「趨吉避凶」呢？預測又有什麼意義呢？換言之，既然可以「趨吉避凶」，那吉凶結果就不可能是唯一的，是可以因人因事而發生改變的。以上兩種看法，看似悖論。

「京氏易六親占法」，給看似無序的天地和人事，架構了一個對應的坐標。利用這個坐標，我們就可以分析、判斷、選擇出有利於我們的為人處世方式。客觀的說，任何預測方法，任何人預測，都不可能和客觀的事物完全準確對應，總是存在有不對應的情況發生。大多數時候，求測人所需要面對的，是對於未來事物的發展，如何去選擇的取捨問題。因此，預測師要根據卦中顯示的信息，客觀的解讀，幫助求測人找到存在的問題，以及產生問題的原因，指導求測人改善不客觀的認識，尋找正確的方法，以達到「趨吉避凶」的目的。

《增刪卜易·趨避章》曰：「聖人作易，原令人趨吉避凶。若使吉不可趨，凶不可避，聖人作之何益？世人卜之何用」？

我們也必須知道，並不是所有的人和事物，都是可依主觀的變化而發生改變的。這是需要求測人能按照預測師的指導，自己首先認識，按照可以向好的方向轉化的方式，堅持努力調整，才可以達成事物向有利於自己的方向去發展的。如果求測人不能認識，即使知道問題所在，也不願意去努力調整，那麼事物就會沿著之前的方向運行下去。

我的看法，預測是對事物發展過程，發展趨勢的分析判斷，其預測結果也並非是唯一的，可因人、因事而發生改變。對於有些已經發生，或者處於事物運行過程末端，已經無法改變的事物，其結果可能就是唯一的。例如面臨高考，已經沒有時間改善，那麼，考試成績的結果就是唯一的。再如已經懷孕，測懷孕的是男是女，結果也必然是唯一的。對於有些還未發生，或者正處於運行過程開始的事物，其結果可以因求測人的主觀變化和調整，而發生改變，其最後的結果，就並非是唯一的了。例如測以後的高考成績，則可以根據學生的客觀情況，指導其在生理、心理的調整，學習環境、學習方法的調整方面，做出有利的改善，幫助提高學習的成績。再如測找工作，可以根據客觀的信息，指導求測人在有利的時機、有利的方位去尋找，可以做到事半功倍。

六是有些人認為，應期要絕對的對應。當然，我們應該知道，應期的問題，是一個比較複雜的問題，每個卦中，能顯示應期的方式是多樣性的。我們在實踐中會經常發現，應期會出現早一些和晚一些的情況。究其原因，除了預測師的自身能力以外，還有一個不能忽視的原因，即時間和空間的不確定性。愛因斯坦的廣義相對論認為：「由於有物質的存在，空間和時間會發生彎曲，而引力場實際上是一個彎曲的時空」。因此，在時空發生彎曲的情況下，出現不能完全對應的情況，是客觀存在的，也是我們必須客觀面對的。

七是社會上出現的所謂「象法派」，「理法派」，看似新的流派。「象法派」重於象而輕於理，「理法派」重於理而輕於象，這兩者各有偏頗，偏廢一端，這都是不可取的。我們知道，「象數理占」在京氏易預測分析中，是一個整體，不可偏廢。我們應該綜合應用「象數理占」的方法，整體思維，整體分析為宜。

（五）

我們學習古代的術數方法，一方面要傳承古人的優秀文化，另一方面更要挖掘古人的智慧和方法，要結合當時的時代特徵，擴展更加廣闊的應用領域。

一是要在繼承古代優秀文化的基礎上，善於吸取古人的智慧，充分挖掘古籍的信息。有些已經發現的應用方法，例如元代著作《大易斷例卜筮元龜•占家內行人知在何處章》曰：「凡占行人在何處，子變印綬父母擬」，注釋曰：「以卦所生為爻。假令《困》卦，五月卦屬火，則丁未為子爻，戊寅為父母也」，這裡隱含的提出了轉換六親的概念。由於作者沒有清晰的注釋說明，六親轉換的內容比較含糊，以致很難被讀者發現和理解。《新鍥斷易天機》轉錄此內容為：「凡占行人在何處，子變應爻父母擬」，將原文的「印綬」兩字，錯錄為「應爻」兩字，導致讀者根本無法理解，以至於後來的著作，就沒有這樣的內容了，致使「轉換六親」的方法幾乎失傳。

我在校對整理這些古籍時，看到了這樣零星的材料，按照其原理進行還原，知道了這種轉換的方法。經過多年的應用實踐，我認為認識和掌握了這種轉換的方法，我們就可以從卦中，獲取與求測人相關的更多信息，甚至發現很多用常規方式，不可能發現的信息、隱蔽的信息。可以幫助我們，尋找影響求測人和事物關係的背後原因，便於更好的為求測人提供分析和化解的有效服務。

幾種轉換六親的方式如下：

1、以世爻為「我」轉換六親。

2、以用神為「我」轉換六親。

3、以月卦身為「我」，進行轉換六親。

4、以卦中的任一爻為「我」轉換六親。

有些還沒有發現，或者古籍中還存在的隱藏線索，或者古人沒有說透的概念，例如納音的應用，也需要讀者，或者後來的學者，去不斷挖掘，不斷研究，不斷完善。

二是要在繼承的基礎上，將古人成熟的應用方法，歸納整理，擴展更寬的應用領域。例如「象數理占」，這是京氏易預測的基本方法，所謂「象」，即事物基本的屬性具象。簡單歸納如下：

一、卦宮象：如乾宮，坤宮象等。

二、內外象：如外卦主外、高、遠象；內卦主內、低矮、近象。

三、爻性象：如陽爻有剛象，陰爻有柔象。陽主過去象，陰主未來象等。

四、爻位象：如初爻元士，二爻大夫等象。初爻主腳，三爻主腹，六爻主頭等象。

五、五行象：如甲乙寅木屬木，丙丁巳午屬火等象。五行表示對應的時間、空間之象。

六、六親象：如父母爻主父母、長輩、文章、老師、論文、文憑、證件、證據、防護裝備，信息物品等象。

七、六神象：如青龍主喜，主仁、酒色等象。

八、進退象：如寅化卯為進，卯化寅為退等象。

九、世應象：世為己，應為人；婚姻關係，合作關係等象。

十、卦名象：如「夬」有抉擇之象，「蠱」有內亂之象。

十一、卦辭象：如乾卦象曰：「天行健，君子以自強不息」等預示之象。

十二、爻辭象：如乾卦初九象曰：「潛龍勿用，陽在下也」等預示之象。

十三、納音象：如甲子乙丑海中金之類象。

十四、時間象：如：寅卯辰表示春季，巳午未表示夏季；子水表示夜半，午火表示中午等等。

十五、方位象（空間之象）：如子水北方之象，午火南方之象等等。

十六、理象：（道理、義理、原理、事理）：如：生尅制化，刑冲合害等五行運行基本原理之象。

再如飛伏方法的應用，《易林補遺》曰：「爻爻有伏有飛，伏無不用」，但作者又認為飛伏的應用，僅僅是「若卦內有用神，不居空陷，不必更取伏神。如六爻不見主象者，卻取伏神推之」。

我們知道，伏神表示隱藏的信息。因此世爻下的伏神，是可以表示求測人的潛意識，或者內心思維的。從伏神與飛神的關係，可以得知求測人自身的心理狀態。另外，如世下伏神與應爻冲尅，也可以表示求測人與對方內心抵觸，或者言語衝突。

三是在學習的過程中，不能迷信古人，認為古人所論都是對的。要根據京氏易的基本原理和方法，不斷的創新思路，尋找更多更好的應用方法。

例如預測疾病，《天玄賦》論疾病曰：「決輕重存亡之兆，專察鬼爻。定金木水火之鄉，可分症候」，古人基本上是以官鬼爻去論病。

例如：癸巳年　壬戌月　辛亥日　丙申時，測疾病？

時間：癸巳年　壬戌月　辛亥日　丙申時（日空：寅卯）						
占事：測疾病？						
	艮宮：艮為山（六沖）				巽宮：山雷頤（遊魂）	
六神	**本　卦**				**變　卦**	
螣蛇	官鬼丙寅木	━━━	世		官鬼丙寅木　━━━	
勾陳	妻財丙子水	━ ━			妻財丙子水　━ ━	
朱雀	兄弟丙戌土	━ ━			兄弟丙戌土　━ ━	世
青龍	子孫丙申金	━━━	應	○→	兄弟庚辰土　━ ━	
玄武	父母丙午火	━ ━			官鬼庚寅木　━ ━	
白虎	兄弟丙辰土	━ ━		╳→	妻財庚子水　━━━	應

此卦午火被日令亥水，內卦三合子水相尅。卦中寅木雖然得日令生合，但逢旬空不受生。以上信息表示，求測人身體存在氣血兩虛的現象。六爻寅木雖然有日令亥水生合，內卦三合子水生，但爻遇旬空不受生，因此，會出現有頭暈的現象，並且還會有記憶力減退的現象，這是由於肝膽氣虛，運行不暢，導致腦供血不足造成的。應該找醫生去檢查，及時治療和調整。這樣去分析，才能客觀對應求測人的客觀現象。

我們既要繼承古人一些好的理論方法和應用方式，但也不必象古人那樣，執定鬼爻為病，可以根據京氏易的基本原理，和基本方法去分析判斷。

（六）

我出生於二十世紀五十年代，由於父親過早的去世，我勉強讀了個小學，雖然小學畢業時，被保送到縣里最好的中學，但由於文革和武鬥，學校都停課鬧革命，所以就沒有學上了。一九七零年，學校開始復課鬧革命，因為我們家庭生活困難，我想參加工作，為家裡減輕負擔，我也沒能繼續讀書。一九七零年六月，我還不滿十六歲，就因為得到組織上照顧，開始參加工作了，因此，我的文化基礎知識，是十分貧乏的。

進入八十年代，是中國社會開始發生大變革的時代，是人們知道文化知識貧乏，渴望讀書的時代，也是人們普遍感覺迷茫的時代，我生活於這個時代，也不可避免會產生對不可知的未來的困惑。

八十年代末期，隨著改革開放，《周易》慢慢也被解禁，國內開始了一個學習易學和術數預測的高潮。我也是這個時期，開始接觸到《易經》，從中體會到古人的一些智慧。邵偉華先生的《周易預測學》出版問世，我看到他在辦函授班，也參加了第二屆函授。後來，國家開始了搶救古籍的工作，出版了一批術數類古籍，我先後購買了這些書籍，開始進行自學。一九九三年，我得到《增刪卜易》這本著作，雖然此書編輯十分混亂，但還是引起我對「京氏易六親占法」的極大興趣。一九九五年，劉大鈞先生的《納甲筮法》出版，我從中深入瞭解到「京氏易六親占法」的基礎知識，然後長期實踐，深入研究和理解。一九九七年，我參加過山東大學周易研究中心舉辦的「首屆大易文化研討班」，這次也發了一本他們自己編寫的《增刪卜易》，對比我以前買的版本，好了很多。從此，我放棄了之前所學的其他術數方法，只對與「京氏易六親占法」相關的著作感興趣了。這個時期的自學，由於環境因素的影響，基本上是偷偷進行的。

九十年代後期，由於有了互聯網，我開始在網上和一些朋友討論和交流，在這個過程中，發現很多想學習的朋友，因為沒有資料，學習起來十分困難。基於這種情況，我開始用手頭的資料，錄入整理成電子文本，供易友們學習。再後來，隨著互聯網的發展，網上資料的增多，我經過對照發現，現代出版的古籍，錯漏太多，同時，因為古籍生僻字太多，加上沒有注釋，很多後學的朋友感覺學起來不易，也為了我自己對這一門學術研究的需要，因此，觸發了我想把「京氏易六親占法」相關的古籍，重新校注整理的想法。

我和易友鼎升，本著「為往聖繼絕學，為後世傳經典」的基本精神，十幾年來，到處搜求，各處尋找，也得到很多易友的幫助，終於收集到一批古籍資料，我從中選取有傳承價值，以及有研究價值的十幾個古籍版本，進行校對注釋整理，經歷十多年的不懈努力，終於完成了這一工作。希望能為有志於傳承這一門學術的朋友，提供最原始的資料，也希望能讓後來的學者少走彎路。

在這套古籍著作的校注整理過程中，得到「鼎升」先生的很多具體指導，以及「冰天烈焰」、「犀角尖尖」，「天地一掌中」等網友提供的原版影印古籍資料，也得到「漢典論壇」等網絡上很多朋友的幫助，在此一併向他們致謝。書中有些注釋資料，來源於網絡，未能一一加以說明，也請原作者諒解。

雖然經歷了十幾年的多次校對，注釋，整理，但書稿中不可避免還會存在一些問題，希望能得到方家的指正，也希望得到讀者的批評，在有機會的情況下，再作進一步的修訂，不至於誤導讀者。

京氏易學愛好者 湖北省潛江市 周光虎

撰於己丑年夏至日 公曆2009年6月21日 星期日

2017年9月28日9時40分星期四 重新修訂

2020年再修訂

網名：虎易

QQ：77090074

微信：wxid_e9cvbx1mugcf22

電子郵箱：tiger1955@163.com

新浪博客：http://blog.sina.com.cn/hbhy

http://blog.sina.com.cn/u/1248458677

目錄

九〇

《郭氏洞林》校注整理前記

此稿根據《欽定四庫全書·周易啓蒙翼傳·外篇》影印本錄入，參考《欽定古今圖書集成·理學彙編經籍典》（易經部·易學別傳十一·晋《郭璞洞林》），重新標點、校對、注釋。

【元·胡一桂】所著《周易啓蒙翼傳·外篇》，收錄有【晋·郭璞】《洞林秘訣》的十三個占例，是目前可以看到的有關京氏六親占法的最早占例記錄。據胡一桂序所述：「《洞林》上、中、下三卷，【晋·河東·郭璞·景純】之所撰也。」「嘗撰前後筮驗六十餘事，名爲《洞林》。」「余從王浩古仲氏楚翁才古得《洞林》書，撮抄其事之重大者一二於左，以見一書之大概云」。可惜的是，胡一桂未能完整傳抄下來，只保留了十三個占例。

從這些占例可以看出，其中錯亂之處還是存在的。比較明顯的如《咸》之《井》卦，「歲在甲子正月中，丞相揚州令余卦安危諸事如何？」，考「甲子」年即公元304年」。「丞相」，指晋元帝司馬睿。《晋書·帝紀第五》曰：「建興元年（公元313年，癸酉年）五月壬辰，琅邪王睿爲侍中、左丞相」。以司馬睿任左丞相史實時間，該占例應該爲丙子年。《晋書·列傳第四十二·郭璞》曰：「時元帝初鎮建鄴，導令璞筮之，遇《咸》之《井》」。《晋書·帝記第五》記載：（公元307丁卯年。永嘉元年秋七月己未日，）「琅邪王睿爲安東將軍、都督揚州江南諸軍事、假節，鎮建鄴」。按此段記錄，該占應該爲戊辰年後。「惟不得臘中行刑，有血逆之變。死者，晉陵令淳于伯也」。太興元年，公元318年戊寅年三月癸丑日，晉元帝司馬睿即皇帝位，封郭璞爲著作佐郎」。璞上疏曰：往建興四年十二月中，行丞相令史淳于伯刑於市，而血逆流長標」。史官所錄郭璞上疏，應該是從宮廷檔案資料抄錄的。「建興四年」，即公元316年丙子年。按此段記錄，該占例發生在丁丑年後。從上述考據資料可認看出，《郭氏洞林》占例記錄，並非原來占例的分析和驗證記錄，或許是後來的傳抄者，采用史書和其他資料拼湊補入的。

尚秉和先生《周易古筮考》，對這些卦例都有過分析和注釋解讀。如先生所言，書中文字，因「傳抄久而錯亂也」，有些內容可解，而有些內容不可解。

雖然這些占例存有瑕疵，但其保存了京氏六親占法的一些占測分析方法，對我們瞭解《京氏易》，京氏六親占法的傳承，以及京氏六親占法後來的演變和發展，還是具有參考和研究價值的。

《欽定四庫全書》收錄的《周易啓蒙翼傳•外篇》，書名爲《郭氏洞林》，《欽定古今圖書集成》收錄，則名爲《郭璞洞林》，本稿據以上兩個版本互相參校整理，其書名仍按原作者胡一桂所作，定名爲《郭氏洞林》。

京氏易愛好者　湖北省潛江市　虎易

郭氏洞林

胡一桂序

案：《洞林》上、中、下三卷，【晉·河東·郭璞·景純①】之所撰②也。本傳③云：璞好經術，博學高才，受業郭公，得《青囊書④》九卷，遂洞五行⑤、天文⑥、卜筮⑦之術。禳災⑧轉禍，通致無方⑨。嘗撰前後筮驗⑩六十餘事，名爲《洞林》。又抄京、費⑪諸家要撮，更撰《新林》十篇，《卜韵》一篇。世皆罕有其書。

余⑫從王浩古仲氏楚翁才賈⑬㊀得《洞林》書，撮抄其事之重大者一二於左，以見一書之大概云。

新安⑭鄉貢⑮進士　胡一桂⑯　序

注釋

①晉•河東•郭璞（pú）•景純：郭璞，字景純。(276～324)。河東聞喜(今山西省聞喜縣)人。晉元帝時爲著作佐郎。晉代學者、易學家、文學家、訓詁學家。他還是中國風水學鼻祖，所著有《葬經》傳世。參閱《晉書•列傳第四十二•郭璞》。

②撰（zhuàn）：寫作，纂集成整體。

③本傳：指《晉書•列傳第四十二•郭璞》本傳。

④青囊（náng）書：《晉書•列傳第四十二•郭璞》曰：「有郭公者，客居河東，精於卜筮，璞從之受業。公以《青囊中書》九卷與之，由是遂洞五行、天文、卜筮之術。……璞門人趙載嘗竊《青囊書》，未及讀，而爲火所焚」。

⑤五行：指水、火、木、金、土。我國古代稱構成各種物質的五種元素，古人常以此說明宇宙萬物的起源和變化。

⑥天文：日月星辰等天體在宇宙間分布運行等現象。古人把風、雲、雨、露、霜、雪等地文現象也列入天文範圍。《易•賁》曰：「觀乎天文，以察時變」。

⑦卜筮（shì）：古時預測吉凶，用龜甲稱卜，用蓍草稱筮，合稱卜筮。

⑧禳（ráng）災：謂禳除災禍。

⑨通致無方：通達至於變化無窮。

⑩筮驗：謂卜筮而獲應驗者。

⑪京、費：西漢時期的京房、費直，兩人都是當時的易學大家。京房（前77—前37年），本姓李，字君明，東郡頓丘（今河南清豐西南）人。京房首創納甲、建候、卦氣說。參閱《漢書•京房傳》。費直：字長翁，東萊（郡治今萊州市）人，西漢古文易學「費氏學」的開創者，官至單父（今單縣境內）令。費直依古文古字本漢易，稱《古文易》。參閱《漢書•儒林傳》。

⑫余：我。第一人稱代詞。

⑬賈（gǔ）：買。

⑭新安：即徽州，簡稱「徽」，位於新安江上游，（280年—758年）爲新安郡，古稱新安，宋徽宗宣和三年（公元1121年），改歙州爲徽州，從此曆宋元明清四代，統一府六縣（歙縣、黟縣、休寧、婺源、績溪、祁門），轄境爲今黃山市（除黃山區）、績溪縣及江西婺源縣，行政版圖相對穩定。

⑮鄉貢：不經學館考試，而由州縣推薦選送參加鄉試科舉的士子。

⑯胡一桂（1247-？），字庭芳，徽州婺源（今江西婺源）人。生而穎悟，好讀書，尤精於易學。南宋景定五年（1264年），十八歲時鄉薦禮部不第，退而講學於鄉里，遠近師之，號「雙湖先生」。其學源於其父胡方平，治朱熹易學。所著書有《周易本義附

錄纂疏》、《本義啓蒙翼傳》、《硃子詩傳附錄纂疏》、《十七史纂》，並行於世。
參閱《元史•卷一百八十九•列傳第七十六•儒學一》。

校勘記

㊀「賈」，原本作「古」，疑誤，據其文意改作。

《咸》之《井》㈠

歲在甲子正月中①，丞相②揚州令余卦安危諸事如何？得《咸䷞》之《井䷯》③：

《郭氏洞林》卦例：001							
時間：甲子年　丙寅月							
占事：丞相揚州令余卦安危諸事如何？							
	兌宮：澤山咸				震宮：水風井		
伏神	**本　卦**				**變　卦**		
	父母丁未土	⚋	應		子孫戊子水	⚋	
	兄弟丁酉金	⚊			父母戊戌土	⚊	世
	子孫丁亥水	⚊		○→	兄弟戊申金	⚋	
	兄弟丙申金	⚊	世		兄弟辛酉金	⚊	
妻財丁卯木	官鬼丙午火	⚋		╳→	子孫辛亥水	⚊	應
	父母丙辰土	⚋			父母辛丑土	⚋	

案卦：東北郡縣④有武名，地當有銅鐸六枚⑤，一枚有龍虎象，異祥。《兌》爲金，金有口舌，來達號令者，銅鐸也。山陵神氣出北，則丞相創以令天下。見在丑地，則金墓也。起之以卦，爲推立之應，晉陵武進縣⑥也。

又當犬與猪交者，狗變入居中，鬼與相連，其事審也。戌亥世應土勝水，二物相交，象吾和合爲一體，此丞相雄有江東也。

民當以水妖相警。歲在水位，而水爻復變成《坎》，當出大水之象，以此知其靈應。《巽》木成言，果又妖生二月，變爲鬼，戌土所尅，果無他。水乃金子，來扶其母，是亦丞相將興之象也。

西南郡縣有陽名者，井水當自沸。卦變入《井》內，丙午變而犯升陽，故知井湧也。於分野，應在曆陽⑦。

虎來入州城寺。《兌》者虎，出山而入門闕⑧。正月戌爲天煞，即刺史⑨宅。虎屬寅，與月並而來，此大人將興之應。

東方當有蟹⑩鼠爲災，必食稻稼。有《離》，體眼相連之象。《艮》爲鼠，又煞陰在子，子亦鼠，而歲子來寅卯，故知東方有災。

又當以鵲，應翔爲瑞。鵲有象鳥，而爲徵⑪以應象，出其相，其應將登其祚⑫也。

其年，晉陵郡武進縣民陳龍，果於田中得銅鐸六枚。言六者，用坎數也。銅者，《咸》本家《兌》，故也。口有龍虎文，又得者名龍，益審。陳，土姓，金之用。進者，乃生金也。

丹徒縣⑬流民趙子康，家有狗，與吳人豬相交。

其年六月，天連雨，百姓相驚。妖言云：「當有十丈水」，翕然駭動⑭，無幾自靜。又衆人傳言：「延陵⑮大波中有龍，生草蓐⑯，復數里」。竟不知其信否。

其明年丑歲，九月中，吳興⑰臨安縣⑱民陳嘉【闕】親得石瑞。此祥氣之應也。

六月十五己未日未時，歷陽縣中井水沸湧，經日乃止。陰陽相感，各以其類，亦是金水之應也。

六月晦日⑲，虎來州城浴井中，見覺便去。

其秋冬，吳諸郡皆有蟹鼠爲災。鼠爲子，子水蟹亦水物，皆金之子。

晉主初登阼⑳，五日，有群鵝之應。

此論一歲異事，略舉一卦之意。

惟不得臘中行刑，有血逆之變。將推之不精，亦自無徵，不登於卦乎。死者，晉陵令淳于伯㉑也。

虎易按：此例記錄，與史書記錄差異太大。「歲在甲子正月中，丞相揚州令余卦安危諸事如何」？考《晉書・列傳第四十二・郭璞》曰：「時元帝（司馬睿）初鎮建鄴㉒，導令璞筮之，遇《咸》之《井》」。《晉書・帝記第六・元帝》曰：「永嘉初（公元307年丁卯年。），用王導計，始鎮建鄴」。因此，這個時間應該在（公元307年丁卯年）之後，不可能出現在「甲子年」。《晋書・帝紀第五》曰：「建興元年（公元313年，癸酉年）五月壬辰，以鎮東大將軍、琅邪王睿爲侍中、左丞相」。因此，作爲丞相而令郭璞作卦，也只能是（公元313年，癸酉年）之後，也是不可能出現在甲子年的。「死者，晋陵令淳于伯也」。考《晋書・列傳第四十二・郭璞》曰：「璞上疏曰：……往建興四年（公元316年丙子年）十二月中，行丞相令史淳于伯刑於市，而血逆流長標」。這個記錄也只能是建興四年（公元316年丙子年）之後。

從上述考據資料看，本占例時間與史書記錄時間至少相差了十二年。據此可以認爲，《郭氏洞林》記錄的資料，或許是因爲傳抄錯亂，或者是後來的傳抄者補入的，已經不是原著內容。

注釋

①歲在甲子正月中：查《三千五百年曆日天象》表得知，晋永安元年爲甲子年，即公元304年。「正月中」，是指正月的中氣。古人把一年分爲24節氣，如正月立春爲節，雨水爲中氣。此記錄「甲子」與史實不符，以司馬睿於癸酉年（公元313年）任左丞

相，則此占時間應該在癸酉年之後。

②丞相：指晋元帝司馬睿，時任左丞相。《晋書•帝紀第五》曰：「建興元年（公元313年，癸酉年）五月壬辰，以鎮東大將軍、琅邪王睿爲侍中、左丞相」。

③得《咸》之《井》：《晋書•列傳第四十二•郭璞》曰：「時元帝初鎮建鄴（按：公元307年，丁卯年），導令璞筮之，遇《咸》之《井》，璞曰：「東北郡縣有『武』名者，當出鐸，以著受命之符。西南郡縣有『陽』名者，井當沸」。其後晋陵武進縣人於田中得銅鐸五枚，暦陽縣中井沸，經日乃止」。此卦記錄時間與史書記錄時間不符。

④郡（jùn）縣：郡和縣的並稱。古代兩級行政單位，大體相當今天的省與縣。郡縣之名，初見於周。秦始皇統一中國，分國内爲三十六郡，爲郡縣政治之始，漢初封建制與郡縣制並行，其後郡縣遂成常制。

⑤銅鐸（duó）六枚：銅制大鈴，形如鐃、鉦而有舌，古代宣布政教法令用的，亦爲古代樂器。《晋書•列傳第四十二•郭璞》曰：「其後晋陵武進縣人於田中得銅鐸五枚」。此卦記錄六枚與史書記錄五枚不符。

⑥晋陵武進縣：古縣名。西晋永嘉五年（公元311年），因避東海王越世子毗（pí同「毗」字）諱，以毗陵縣改名。治所在今江蘇常州市。

⑦曆陽：古縣名，治所在今安徽和縣。

⑧門闕（què）：古代宮殿、官府、祠廟、陵墓前由雙闕組成的出入口。

⑨刺史：古代官名。魏晉南北朝時期，以刺史領州，多帶使持節、持節、假節、都督諸軍事銜。隋文帝廢郡，以州領縣，則刺史與前代太守無异。

⑩蟹（xiè）：螃蟹。

⑪徵（zhēng）：預兆、迹象。

⑫祚（zuò）：帝位。

⑬丹徒縣：古縣名，在今江蘇省鎮江市。

⑭翕（xī）然駭（hài）動：大家一起都驚動。

⑮延陵：古邑名，大約在今常州、江陰等吳地沿江一帶地區。

⑯草蓐（rù）：草墊子。

⑰吳興：郡名。三國•吳•寶鼎元年(公元266年)置。治所在烏程縣(今浙江吳興縣南)。

⑱臨安縣：今浙江臨安縣。

⑲晦（huì）日：農曆每月最後的一天。

⑳登阼（zuò）：即位，登上皇位。

㉑晉陵令淳（chún）於伯：《晉書•列傳第四十二•郭璞》曰：「建興四年（公元316

年）十二月中，行丞相令史淳于伯刑於市，而血逆流長標。伯者小人，雖罪在未允，何足感動靈變，致若斯之怪邪！」

㉒建鄴：古地名。（今江蘇省南京市）晉太康二年（公元281年），秣陵縣被一分爲二，秦淮河以南稱秣陵，以北置建業，次年改稱建鄴。

校勘記

㈠「《咸》之《井》」，原本脫漏，據《欽定古今圖書集成》本補入。以後各卦例同此，不另一一說明。

《豫》之《睽》

攝提之歲①，晋王將即阼②。太歲③在寅，爲攝提格。余自通占國家徵瑞之事，得《豫䷏》之《睽䷥》：

《郭氏洞林》卦例：002						
時間：戊寅年						
占事：余自通占國家徵瑞之事？						
震宮：雷地豫（六合）				艮宮：火澤睽		
本　　卦				**變　　卦**		
妻財庚戌土	▅▅ ▅▅		╳→	子孫己巳火	▅▅▅▅▅	
官鬼庚申金	▅▅ ▅▅			妻財己未土	▅▅ ▅▅	
子孫庚午火	▅▅▅▅▅	應		官鬼己酉金	▅▅▅▅▅	世
兄弟乙卯木	▅▅ ▅▅			妻財丁丑土	▅▅ ▅▅	
子孫乙巳火	▅▅ ▅▅		╳→	兄弟丁卯木	▅▅▅▅▅	
妻財乙未土	▅▅ ▅▅	世	╳→	子孫丁巳火	▅▅▅▅▅	應

案卦論之曰：會稽郡④當出鐘，以告成功，王者功成作樂。會稽，晉王初所封國，又會稽山，靈祥之所興也。神出於家井者，子爻並，知此實王者受命之事也。上有銘勒⑤，坤爲文章，與天子爻並，故知晉王受命之事准此。應在民間井池中得之，鐘出於民家井中者，以象晉王出家而王也。金以水爲子，子相扶而生，此即家之祥徵事也。繇辭㊀所謂：「先王作樂崇德，殷薦之上帝⑥」。言王者祭天，以告成功，亦安樂無復事也。

其後歲在執徐⑦，會稽郡剡縣⑧陳青，井中得一鐘，長七寸四分，口徑四寸半。器雖小，形制甚精，上有古文奇書十八字，時人莫之能識。

蓋王者踐阼⑨，必有薦符，塞天下之心，與神物契合，然後可受命。

觀鐸啓號於晉陵，鐘造成於會稽，端不失類，皆出以方。天人合際，不可不察也。

愚案：前一則，《洞林》下卷之首，後一則，《洞林》下卷之終。皆取其事體之重者載之，以見卜筮之有關於國家也，如此。

注釋

①攝提之歲：《爾雅》曰：「太歲在寅曰攝提格」。攝提即指寅年。此處指公元318年的戊寅年。

②晉王將即阼：晉元帝司馬睿，稱帝前爲晉王。建興五年（公元317年）三月，琅邪王睿承制改元，稱晉王於建康。戊寅（公元318）年三月丙辰日，即皇帝位，改年號爲「太興」。參閱《晉書·帝記第五》、《晉書·帝記第六》。

③太歲：古代天文學中假設的歲星。又稱歲陰或太陰。古代認爲歲星（即木星）十二年一周天（實爲11.86年），因將黃道分爲十二等分，以歲星所在部分作爲歲名。但歲星運行方向自西向東，與將黃道分爲十二支的方向正相反，故假設有一太歲星作與歲星運行相反的方向運動，以每年太歲所在的部分來紀年。古代數術家認爲太歲亦有歲神，凡太歲神所在之方位及與之相反的方位，均不可興造、移徙和嫁娶、遠行，犯者必凶。此說源於漢代，傳至後世，說愈繁而禁愈嚴。

④會（kuài）稽郡：古郡名，在今江浙地區。郡治吳縣（蘇州市姑蘇區），轄春秋時越國、吳國故地。西晋初會稽郡領十縣，僅轄今紹興、寧波一帶。

⑤銘勒：在金屬器物和石頭上雕刻的文字，圖形。

⑥先王作樂崇德，殷薦之上帝：語出《易•豫•象曰》：「雷出地奮，豫。先王以作樂崇德，殷薦之上帝，以配祖考」。

⑦執徐：古代的記年名詞，指辰年。此處指庚辰年（公元320年）。

⑧剡（shàn）縣：古縣名。在今浙江嵊縣。

⑨踐阼：指皇帝即位。

校勘記

㈠「繇辭」，原本作「由應」，疑誤，據《晋書•列傳第四十二•郭璞》改作。

《明夷》

余鄉里①曾遭危難，因之災癘、寇戎並作②，百姓遑遑③，靡知④所投。時姑涉易義⑤，頗曉分蓍⑥，遂尋思貞筮⑦，鈎求攸濟⑧。於是，普卜郡內縣道可以逃死之處者，皆遇《明夷䷣》之象：

《郭氏洞林》卦例：003		
占事：卜郡內縣道可以逃死之處？		
坎宮：地火明夷（游魂）		
本　　卦		
父母癸酉金	⚋	
兄弟癸亥水	⚋	
官鬼癸丑土	⚋	世
兄弟己亥水	⚊	
官鬼己丑土	⚋	
子孫己卯木	⚊	應

乃投策⑨喟然⑩嘆曰：「嗟乎⑪！黔黎⑫時漂異類，桑梓之幫⑬，其爲魚乎」？於是，潛命

姻娅密交⑭，得數十家，與共流遁⑮。當由吳阪⑯，遇寇據之，乃却回從蒲阪⑰而之河北。

虎易按：《晋書•列傳第四十二•郭璞》曰：「惠懷之際⑱，河東⑲先擾。璞筮之，投策而嘆曰：「嗟乎！黔黎將湮⑳於異類，桑梓其剪㉑爲龍荒乎！」於是潛結姻昵交游數十家，欲避地東南」。

注釋

①余鄉里：指作者的家鄉河東聞喜（今山西省聞喜縣）。

②災癘（lì）、寇戎並作：疾病、瘟疫、匪患、戰爭並發。

③百姓遑遑（huáng）：百姓驚恐匆忙，心神不定。

④靡（mí）知：不知。

⑤時姑涉易義：此時因爲訓詁易學著作，涉及到易的義理。

⑥分蓍（sh ī）：亦稱「揲蓍」，是分數蓍草，求數以成卦的一種方式。參閱宋•朱熹《周易本義•筮儀》。

⑦貞筮：即占筮。以蓍草卜問吉凶禍福。

⑧鈎求攸濟：搜索尋求救助和幫助。

⑨投策：猶抽籤。

⑩喟然：形容嘆氣的樣子。

⑪嗟（jiē）乎：嘆詞。表示感嘆。

⑫黔黎（qián lí）：黔首黎民，指老百姓。

⑬桑梓之幫：指故鄉。古代常在家屋旁栽種桑樹和梓樹。東漢以來一直以「桑梓」借指故鄉或鄉親父老。

⑭潛命姻娌密交：暗中秘密告訴近的姻親和最親近、要好的朋友。

⑮與共流遁：和大家一起共同流蕩逃遁。

⑯吳阪：古地名。即虞阪，在春秋虞國（今山西平陸縣）境內，又稱顛軨阪，鹽阪，道狹而險。

⑰蒲阪：邑名。東漢建武元年（25 年）改蒲城爲蒲阪縣，屬河東郡。今山西永濟西之黃河東岸的蒲州鎮。

⑱惠懷之際：指晉惠帝司馬衷與晉懷帝司馬熾政權交替之際（公元 305-307 年之間）。

⑲河東：古地區名。黃河流經山西省境，自北而南，故稱山西省境內黃河以東的地區爲「河東」。

⑳湮（yān）：淹沒。

㉑翦（jiǎn）：殺戮。同「剪」字。

《同人》之《革》

時草寇劉石，又招集群寇，專爲掠害，勢不可過。於是，同行君子皆欲假道取便，又未審所之①，乃令吾決其去留？卦遇《同人䷌》之《革䷰》：

《郭氏洞林》卦例：004					
占事：令吾決其去留？					
離宮：天火同人（歸魂）			坎宮：澤火革		
本卦			變卦		
子孫壬戌土	▅▅▅	應 ○→	子孫丁未土	▅ ▅	
妻財壬申金	▅▅▅		妻財丁酉金	▅▅▅	
兄弟壬午火	▅▅▅		官鬼丁亥水	▅▅▅	世
官鬼己亥水	▅▅▅	世	官鬼己亥水	▅▅▅	
子孫己丑土	▅ ▅		子孫己丑土	▅ ▅	
父母己卯木	▅▅▅		父母己卯木	▅▅▅	應

其林曰：朱雀西北，白虎東起。《離》爲朱雀，《兑》爲白虎，言火能銷金之意。奸猾銜壁，敵人束手。《兑》爲口，《乾》爲玉，玉在口中，故曰銜壁。占行得此，是謂無咎②。

注釋

①未審所之：不知道所去的地方。

②無咎（jiù）：沒有禍殃；沒有罪過。《易・繫辭上》曰：「無咎者，善補過也」。

《隨》之《升》

余初爲占，尚未能取定，衆不見從，却退猗氏①縣，而賊遂至。諸人遑窘②，方計舊之。從此至河北，有一間徑③名焦丘，不通車乘，惟可輕步，極險難過，捕奸之藪④。然勢危理迫，不可得停。復自筮之如何？得《隨䷐》之《升䷭》：

《郭氏洞林》卦例：005

占事：復自筮之如何？

伏神	本卦（震宮：澤雷隨（歸魂））				變卦（震宮：地風升）		
	妻財丁未土	▅▅　▅▅	應		官鬼癸酉金	▅▅　▅▅	
	官鬼丁酉金	▅▅▅▅▅		○→	父母癸亥水	▅▅　▅▅	
子孫庚午火	父母丁亥水	▅▅▅▅▅		○→	妻財癸丑土	▅▅　▅▅	世
	妻財庚辰土	▅▅　▅▅	世	╳→	官鬼辛酉金	▅▅▅▅▅	
	兄弟庚寅木	▅▅　▅▅		╳→	父母辛亥水	▅▅▅▅▅	
	父母庚子水	▅▅▅▅▅		○→	妻財辛丑土	▅▅　▅▅	應

其林曰：虎在山石，馬過其左。《兌》虎、《震》馬，互㈠《艮》山石。駮⑤爲功曹，猾爲主者。駮猾能伏虎。愚謂：惜不注駮猾象。垂耳而潛，不敢來下。《兌》虎去，不能見。爰升虛邑⑥，遂釋恐誤。魏野㈡。隨時制行，卦義也。《升》，寇不來，知無寇。當魏，則河北亦荒敗。

便以林義通示行人，說欲從此道之義，咸失色喪氣，無有讚者。或云：「林迨⑦誤人，不可輕信」。吾知衆人阻貳⑧，乃更申命⑨，候一月契以禍機。約十餘家，即涉此徑。詣⑩河北後，賊果攻猗氏，合城覆沒，靡有遺育⑪。

注釋

①猗（yī）氏縣：古代縣名。初置於西漢，屬河東郡，故治在今山西省臨猗縣南二十裏鐵匠營村。

②遑窘（huáng jiǒng）：惶恐急迫。

③間徑（jìng）：偏僻的小路。

④藪（sǒu）：湖澤的通稱。也指水少而草木茂盛的湖澤；人或物聚集的地方。

⑤駮（bó）：傳說中的一種形似馬而能吃虎豹的野獸。

⑥爰（yuán）升虛邑（yì）：《易•升》：「九三：升虛邑」。象曰：「升虛邑，無所疑也」。

⑦迨（dài）：及，到。

⑧阻貳（èr）：阻攔，懷有二心。

⑨申命：重申教命；再命。《易・巽》：「重巽以申命」。

⑩詣（yì）：前往，去到。

⑪靡有遺育：指沒有能活著的人。

校勘記

㈠「互」，原本作「五」，疑誤，據《欽定古今圖書集成》本改作。

㈡「野」，原本作「舒」，疑誤，據《欽定古今圖書集成》本改作。

《泰》

昌邑①不靜，復南過潁②。由脉頭口渡，去三十里，所傳高賊屯駐，柵斷渡處，以要流人。時數百家，車千乘，不敢前，令余占可决？得《泰䷊》：

《郭氏洞林》卦例：006		
占事：令余占可决？		
坤宮：地天泰（六合）		
本　　卦		
子孫癸酉金	▅▅　▅▅	應
妻財癸亥水	▅▅　▅▅	
兄弟癸丑土	▅▅　▅▅	
兄弟甲辰土	▅▅▅▅▅	世
官鬼甲寅木	▅▅▅▅▅	
妻財甲子水	▅▅▅▅▅	

欣然語衆曰：「群類避難，而得拔茅匯徵③之卦，且《泰》者，通也，吉。又何疑」？吾爲前驅，從者數十家，至敵界，敵已去。余皆回避樏津渡，爲賊所劫，人僅得在，悔不取餘卦。

注釋

①昌邑：古代地名，今江蘇淮安。

②穎：大約也是地名，具體不詳。以其活動區域考，大約在今安徽省潁上縣。

③拔茅匯徵：《易•泰》：「初九：拔茅茹，以其彙，徵吉。象曰：拔茅徵吉，志在外也」。

《既濟》

至淮南安豐縣，諸人緬然懷悲，咸有歸志，令余卦決之。卜住安豐？得《既濟䷾》：

《郭氏洞林》卦例：007		
占事：卜住安豐？		
坎宮：水火既濟		
本　　卦		
兄弟戊子水	▅▅　▅▅	應
官鬼戊戌土	▅▅▅▅▅	
父母戊申金	▅▅　▅▅	
兄弟己亥水	▅▅▅▅▅	世
官鬼己丑土	▅▅　▅▅	
子孫己卯木	▅▅▅▅▅	

其林曰：小狐迄濟，垂尾累衰。言垂渡而困。初雖偷安，終靡所依。案卦言之，秋吉春悲。

注釋

①淮南安豐縣：前202年劉邦滅項羽，統一天下，置安豐縣（治所在今河南固始縣東南），屬九江郡。光武帝建武十年（公元34年），屬廬江郡。魏文帝曹丕設安豐郡，安豐縣屬之。東晋時安豐郡之大部淪陷，僅存安豐一縣，遷於故安風縣城（今安徽省霍丘縣城關鎮許集村），劃歸弋陽郡。

②小狐迄（qì）濟：《易•未濟》曰：「未濟：亨，小狐汔濟，濡其尾，無攸利」。

《否》

卜諮壽春①？得《否䷋》：

《郭氏洞林》卦例：008		
占事：卜諮壽春？		
乾宮：天地否（六合）		
本　　卦		
父母壬戌土	▅▅▅▅▅	應
兄弟壬申金	▅▅▅▅▅	
官鬼壬午火	▅▅▅▅▅	
妻財乙卯木	▅▅　▅▅	世
官鬼乙巳火	▅▅　▅▅	
父母乙未土	▅▅　▅▅	

其林曰：乾坤蔽塞道消散，虎刑挾鬼法凶亂。十一月虎刑在午②爲鬼，鬼即賊。亂則何時時建寅。火鬼生處。僵尸交林血流漂，火刑與鬼並。此占行者入塗炭。

注釋

①壽春：古稱壽春、壽陽、壽州，屢爲州、府、道、郡等治所。今安徽省壽縣。

②十一月虎刑在午：《京氏易傳》曰：「虎刑五月午，在《離》卦，右行」。

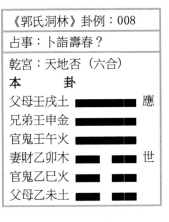

《小過》之《坤》

卜詣松滋①不吉，卜詣合肥②又不吉。卜詣陽泉③，得《小過䷽》之《坤䷁》：

《郭氏洞林》卦例：009							
時間：己丑月戊午日④							
占事：卜詣陽泉？							
	兌宮：雷山小過（游魂）				坤宮：坤爲地（六沖）		
六神	**本　　卦**				**變　　卦**		
朱雀	父母庚戌土	⚋			兄弟癸酉金	⚋	世
青龍	兄弟庚申金	⚋			子孫癸亥水	⚋	
玄武	官鬼庚午火	⚊	世	○→	父母癸丑土	⚋	
白虎	兄弟丙申金	⚊		○→	妻財乙卯木	⚋	應
螣蛇	官鬼丙午火	⚋			官鬼乙巳火	⚋	
勾陳	父母丙辰土	⚋	應		父母乙未土	⚋	

其林曰：《小過》之《坤》卦不奇，雖有旺氣變陽離。卜時立春，其氣變入坤中，氣廢。初見勾陳被牽羈⑤，暫過則可羈不宜。將見劫追事幾危，賴有龍德終無疵⑥。十二月龍德在《艮》，凡有月德終無患。

於是，諸計皆不可，伴人悉散，乃獨往陽泉。會壽春有事，周馥⑦反，爲陽泉群凶所迫，登時惶慮，卒無所至，乃至廬江⑧。其春三月，諸家住安豐者爲寇所得，所謂春悲也。松滋，合肥，殘夷⑨更相攻，人無有全者。

虎易按：「會壽春有事，周馥反」，查《晉書•帝記第五》：「五年（按：指永嘉五年，辛未年，公元311年。）春正月，戊寅（按：正月二十日。），安東將軍、琅邪王睿使將軍甘卓攻鎮東將軍周馥於壽春，馥衆潰」。以此推知，此卦應是這個事件之前卜得。

其林曰：「初見勾陳被牽羈」，據六神起例：「甲乙起青龍，丙丁起朱雀，戊日起勾陳，己日起螣蛇，庚辛起白虎，壬癸起玄武」，知其得卦爲戊日。查《三千五百年曆日天象》資料考據：永嘉五年爲辛未年，即公元311年。正月庚寅小（指正月爲庚寅月，小月。），朔日（初一）爲己未，三日辛酉立春。按以上資料推知其卜卦日，爲庚午年己丑月戊午日，即農曆的大年三十。此例前一注釋爲「卜時立春，其氣變入坤中，氣廢」。後一注釋爲「十二月龍德在《艮》，凡有月德終無患」。從這兩段注釋看，這個卦也應該是還未交立春節卜得，農曆還在十二月，與考據的資料也是吻合的。

右二則，前一則上卷之首，後一則亦上卷內。皆卜避難之事。所謂林者，自爲韵語，占決之辭也。

注釋

①松滋：晉室南渡後，「又於尋陽僑置松滋郡，遙隸揚州」。其具體位置不詳。參閱《晉書・志第四・地理上》。

②合肥：西晉屬淮南郡。現安徽省合肥市。

③陽泉：故城在今安徽霍丘縣西北九十里。大約在今安徽省六安市壽縣正陽關鎮。

④己丑月戊午日：原文無此時間，據「初見勾陳被牽羈」和《三千五百年曆日天象》推知。

⑤牽羈（jī）：牽絆，羈絆。

⑥無疵（cī）：沒有毛病。

⑦周馥（fù）：晉孝懷帝時任鎮東將軍。參閱《晉書・帝記第五》及《晉書・列傳第三十一》。

⑧廬江：今安徽省廬江縣。

⑨殘夷：猶殘殺。

《遯》之《姤》

義興郡丞①仍叔寶，得傷寒疾，積日危困。令卦得《遯䷠》之《姤䷫》：

《郭氏洞林》卦例：010					
時間：五月					
占事：占傷寒疾病？					
乾宮：天山遁			乾宮：天風姤		
本　卦			**變　卦**		
父母壬戌土	⚊		父母壬戌土	⚊	
兄弟壬申金	⚊	應	兄弟壬申金	⚊	
官鬼壬午火	⚊		官鬼壬午火	⚊	應
兄弟丙申金	⚊		兄弟辛酉金	⚊	
官鬼丙午火	⚋	世 ╳→	子孫辛亥水	⚊	
父母丙辰土	⚋		父母辛丑土	⚋	世

其林曰：卦象出墓氣家囚，《艮》爲乾墓，世主丑，故卜時五月，申金在囚。變身見絕鬼潛游。身在丙午，夏入辛亥，在五月。爻墓充刑鬼煞俱，生戌爲鬼墓，而初六爲戌刑，刑在占，故言充刑。五月白虎在卯，與月煞並也。卜病得此歸蒿丘②。誰能救之坤上牛，以卜爻見丑爲牛，丑爲子能扶身，克鬼之厭③，虎煞上令伏不動。若依子色吉之尤。《巽》主辛丑，丑爲白虎，金色復徵，以和解鬼及虎煞，皆相制也。

案林，即令求白牛。而廬江荒僻，卒索不得。羊子玄有一白牛，不肯借之。璞爲致之㊀，即日有大牛從西南來詣，途中仍留一宿，主人乃知，過將去，去之後，復尋挽斷繦來臨叔寶，叔寶驚愕起，病得愈也。此即救禦④潛應，感而遂通。

虎易按：《初學記•卷二十九•獸部•牛第五》：《郭璞洞林》曰：「義興方叔保得傷寒垂死，令璞占之，不吉。令求白牛厭之，求之不得。唯羊子玄有一白牛，不肯借之。璞爲致之。即日有大白牛從西來，徑往臨叔保。驚惶，病即愈」。《初學記》內容與本書內容存在差異，讀者可互相參考。

此一則，係上卷，卜疾有自然救禦之道。

注釋

①義興郡丞：「以周玘創義討石冰，割吳興之陽羨並長城縣之北鄉置義鄉、國山、臨津並陽羨（今江蘇宜興市）四縣，又分丹陽之永世置平陵及永世，凡六縣，立義興郡，以表紀之功，並屬揚州」。參閱《晉書・志第五・地理下》。郡丞爲郡守的副貳。秦廢封建設郡縣，郡置守、丞、尉各一人。守治民，丞爲佐。

②蒿（hāo）丘：指墳墓。

③厭（yā）：以迷信的方法，鎮服或驅避可能出現的災禍，或致災禍於人。

④救禦（yù）：阻止，防禦。

校勘記

㊀「羊子玄有一白牛，不肯借之。璞爲致之」，原文無此內容，據《初學記・卷二十九・獸部・牛第五》原文，補入此內容。

《賁》之《豫》

丞相掾①桓茂倫②嫂病困，慮不能濟？令餘卦得《賁䷕》之《豫䷏》：

《郭氏洞林》卦例：011						
時間：四月						
占事：嫂病困，慮不能濟？						
艮宮：山火賁（六合）				震宮：雷地豫（六合）		
本卦				**變卦**		
官鬼丙寅木	▅▅▅▅▅		○→	兄弟庚戌土	▅▅ ▅▅	
妻財丙子水	▅▅ ▅▅			子孫庚申金	▅▅ ▅▅	
兄弟丙戌土	▅▅ ▅▅	應	╳→	父母庚午火	▅▅▅▅▅	應
妻財己亥水	▅▅▅▅▅		○→	官鬼乙卯木	▅▅ ▅▅	
兄弟己丑土	▅▅ ▅▅			父母乙巳火	▅▅ ▅▅	
官鬼己卯木	▅▅▅▅▅	世	○→	兄弟乙未土	▅▅ ▅▅	世

其林曰：時陰在初卦失度，卜時四月，降陰在初，而見陽爻，此爲失度。殺陰爲刑鬼入墓。四月殺陰在申，申爲木鬼，與殺陰並，又身爲卯，變入乙未，未是木墓。建未之月難得度，消息卦爻爲扶助。馮馬之師乃寡嫗③，馬午，午爲火，馮亦馬。申是殺陰，以火姓消之，《巽》爲寡婦。自然奇救宜飧④兔。兔屬卯，所謂破墓出身。子若恤之得守故。

茂倫歸，求得兔，令嫂食之，便心痛不可堪，於是病愈。

注釋

①丞相掾（yuàn）：官職名稱。古代副官、佐吏通稱掾。

②桓茂倫：即桓彝，字茂倫。參閱《晋書•列傳第四十四》。

③寡嫗（guǎ yǔ）：老年的寡婦。

④飧（sūn）：晚上的飯食，熟食。

《臨》之《頤》

東中郎參軍①景緒病，經年不瘥②，在丹徒③遣其弟景歧來卦。六月癸酉日，得《臨䷒》之《頤䷚》：

《郭氏洞林》卦例：012							
時間：未月　癸酉日（旬空：戌亥）							
占事：占兄弟病？							
	坤宮：地澤臨				巽宮：山雷頤（游魂）		
	本　　卦				**變　　卦**		
白虎	子孫癸酉金	▅▅　▅▅		╳→	官鬼丙寅木	▅▅▅▅▅	
騰蛇	妻財癸亥水	▅▅　▅▅	應		妻財丙子水	▅▅　▅▅	
勾陳	兄弟癸丑土	▅▅　▅▅			兄弟丙戌土	▅▅　▅▅	世
朱雀	兄弟丁丑土	▅▅　▅▅			兄弟庚辰土	▅▅　▅▅	
青龍	官鬼丁卯木	▅▅▅▅▅	世	○→	官鬼庚寅木	▅▅　▅▅	
玄武	父母丁巳火	▅▅▅▅▅			妻財庚子水	▅▅▅▅▅	應

其林曰：卯與身世並，而扶天醫。六月天醫在卯。案卦，病法當食兔乃瘥。弟歸，捕獲一頭，食之果瘥。

右二則。前一則在上卷，此一則在中卷，皆卜病，皆以食兔愈病也。

注釋

①中郎參軍：官名。中郎：秦置，漢沿用。擔任宮中護衛、侍從。屬郎中令。分五官、左、右三中郎署。各署長官稱中郎將，省稱中郎。參軍：東漢末始有「參某某軍事」的名義，謂參謀軍事。簡稱「參軍」。晉以後軍府和王國始置爲官員。

②經年不瘥（chài）：多年治不好病。

③丹徒：西晉武帝太康二年（281），廢毗陵典農校尉置毘陵郡，改其屬縣武進爲丹徒。

《豫》之《解》

余至揚州從事①弘泰言家時，坐有衆客，語余曰：「家適有祥，試爲卦？若得吉者，當作二十人主人」。即爲卜之，遇《豫䷏》之《解䷧》：

《郭氏洞林》卦例：013						
占事：家適有祥，試爲卦？						
震宮：雷地豫（六合）				震宮：雷水解		
本　卦				**變　卦**		
妻財庚戌土	▅▅　▅▅			妻財庚戌土	▅▅　▅▅	
官鬼庚申金	▅▅　▅▅			官鬼庚申金	▅▅　▅▅	應
子孫庚午火	▅▅▅▅▅	應		子孫庚午火	▅▅▅▅▅	
兄弟乙卯木	▅▅　▅▅			子孫戊午火	▅▅　▅▅	
子孫乙巳火	▅▅　▅▅		╳→	妻財戊辰土	▅▅▅▅▅	世
妻財乙未土	▅▅　▅▅	世		兄弟戊寅木	▅▅　▅▅	

其林曰：有釜之象無火形，不見《離》也。變見夜光連月精，《坎》爲月。潛龍在中不游行，言蟠②者。案卦卜之藻盤③鳴。金妖所憑無咎慶，藻盤非鳴，或有鳴者，其家至今無他。弘泰言大駭云：「前夜月出，盥盤④忽鳴，中有盤龍象也」。

右一則，亦中卷。此㊀可謂占法之奇中者。卷內他皆稱是，難以盡書，姑錄此八則，亦可概見矣。

按：以上俱見胡一桂《周易啓蒙翼傳•外篇》㊁

注釋

① 從事：古代官職名。漢以後三公及州郡長官皆自辟僚屬，多以從事爲稱。

② 蟠（pán）：屈曲，環繞，盤伏。

③ 藻（zǎo）盤：裝飾華美的盤子。

④ 盥（guàn）盤：古代承接盥洗弃水的器皿。

校勘記

㊀「按：以上俱見胡一桂《周易啓蒙翼傳•外篇》」，原本脫漏，據《欽定古今圖書集成》本改作。

附錄：晋書所錄郭璞事迹

《晋書·列傳第四十二·郭璞》

郭璞，字景純，河東聞喜人也。父瑗，尚書都令史。時尚書杜預有所增損，瑗多駁正之，以公方著稱。終於建平太守。璞好經術，博學有高才，而訥於言論，詞賦爲中興之冠。好古文奇字，妙於陰陽算曆。有郭公者，客居河東，精於卜筮，璞從之受業。公以《青囊中書》九卷與之，由是遂洞五行、天文、卜筮之術，攘災轉禍，通致無方，雖京房、管輅不能過也。璞門人趙載嘗竊《青囊書》，未及讀，而爲火所焚。

惠懷之際，河東先擾。璞筮之，投策而嘆曰：「嗟乎！黔黎將湮於異類，桑梓其剪爲龍荒乎！」於是潛結姻昵及交游數十家，欲避地東南。抵將軍趙固，會固所乘良馬死，固惜之，不接賓客。璞至，門吏不爲通。璞曰：「吾能活馬」。吏驚入白固。固趨出，曰：「君能活吾馬乎？」璞曰：「得健夫二三十人，皆持長竿，東行三十里，有丘林社廟者，便以竿打拍，當得一物，宜急持歸。得此，馬活矣」。固如其言，果得一物似猴，持歸。此物見死馬，便噓吸其鼻。頃之馬起，奮迅嘶鳴，食如常，不復見向物。固奇之，厚加資給。

行至廬江，太守胡孟康被丞相召爲軍諮祭酒。時江淮清宴，孟康安之，無心南渡。璞爲占曰「敗」。康不之信。璞將促裝去之，愛主人婢，無由而得，乃取小豆三斗，繞主人宅散之。主人晨見赤衣人數千圍其家，就視則滅，甚惡之，請璞爲卦。璞曰：「君家不宜畜此婢，可於東南二十里賣之，慎勿爭價，則此妖可除也」。主人從之。璞陰令人賤買此婢。復爲符投於井中，數千赤衣人皆反縛，一一自投於井，主人大悅。璞携婢去。後數旬而廬江陷。

璞既過江，宣城太守殷祐引爲參軍。時有物大如水牛，灰色卑脚，脚類象，胸前尾上皆白，大力而遲鈍，來到城下，衆咸異焉。祐使人伏而取之，令璞作卦，遇《遁》之《蠱》，其卦曰：「《艮》體連《乾》，其物壯巨。山潛之畜，匪兕匪武。身與鬼並，精見二午。法當爲禽，兩靈不許。遂被一創，還其本墅。按卦名之，是爲驢鼠」。卜適了，伏者以戟刺之，深尺餘，遂去不復見。郡綱紀上祠，請殺之。巫云：「廟神不悅，曰：『此是䣕①亭驢山君鼠，使詣荊山，暫來過我，不須觸之』」。其精妙如此。祐遷石頭督護，璞復隨之。時有鼯鼠出延陵，璞占之曰：「此郡東當有妖人欲稱制者，尋亦自死矣。後當有妖樹生，然若瑞而非瑞，辛螫之木也。儻有此者，東南數百里必有作逆者，期明年矣」。無錫縣欻有茱萸四株交枝而生，若連理者，其年盜殺吳興太守袁琇。或以問璞，璞曰：「卯爻發而沴金，此木不曲直而成災也」。王導深重之，引參己軍事。嘗令作卦，璞言：「公有震厄，可命駕西出數十里，得一柏樹，截斷如身長，置常寢處，災當可消矣」。導從其言。數日果震，柏樹粉碎。

時元帝初鎮鄴，導令璞筮之，遇《咸》之《井》，璞曰：「東北郡縣有『武』名者，當出鐸，以著受命之符。西南郡縣有『陽』名者，井當沸」。其後晋陵武進縣人於田中得銅鐸五枚，歷陽縣中井沸，經日乃止。及帝爲晋王，又使璞筮，遇《豫》之《睽》，璞曰：「會稽當出鐘，以告成功，上有勒銘，應在人家井泥中得之。繇辭所謂『先王以作樂崇德，殷薦之上帝』者也」。及帝即位，太興初，會稽剡縣人果於井中得一鐘，長七寸二分，口徑四寸半，上有古文奇書十八字，云「會稽岳命」，余字時人莫識之。璞曰：「蓋王者之作，必有靈符，塞天人之心，與神物合契，然後可以言受命矣。觀五鐸啓號於晋陵，棧鐘告成於會稽，瑞不失類，出皆以方，豈不偉哉！若夫鐸發其響，鐘徵其象，器以數臻，事以實應，天人之際不可不察」。帝甚重之。

璞著《江賦》，其辭甚偉，爲世所稱。後復作《南郊賦》，帝見而嘉之，以爲著作佐郎。於時陰陽錯繆，而刑獄繁興，璞上疏曰：

臣聞《春秋》之義，貴元愼始，故分至啓閉以觀雲物，所以顯天人之統，存休咎之徵。臣不揆淺見，輒依歲首粗有所占，卦得《解》之《既濟》。案爻論思，方涉春木王龍德之時，而爲廢水之氣來見乘，加升陽未布，隆陰仍積，《坎》爲法象，刑獄所麗，變《坎》加《離》，厥象不燭。以義推之，皆爲刑獄殷繁，理有壅濫。又去年十二月二十九日，太白蝕月。月者屬《坎》，群陰之府，所以照察幽情，以佐太陽者也。太白，金行之星，而來犯之，天意若曰刑理失中，自壞其所以爲法者也。臣術學庸近，不練內事，卦理所及，敢不盡言。又去秋以來，沈雨跨年，雖爲金家涉火之祥，然亦是刑獄充溢，怨嘆之氣所致。往建興四年十二月中，行丞相令史淳于伯刑於市，而血逆流長標。伯者小人，雖罪在未允，何足感動靈變，致若斯之怪邪！明皇天所以保祐金家，子愛陛下，屢見災異，殷勤無已。陛下宜側身思懼，以應靈譴。皇極之謫，事不虛降。不然，恐將來必有愆陽苦雨之災，崩震薄蝕之變，狂狡蠢戾之妖，以益陛下旰食之勞也。

臣謹尋按舊經，《尚書》有五事供禦之術，京房易傳有消復之救，所以緣咎而致慶，因異而邁政。故木不生庭，太戊無以隆；雉不鳴鼎，武丁不爲宗。夫寅畏者所以饗福，怠傲者所以招患，此自然之符應，不可不察也。案《解卦》繇（校注：爻？）云：「君子以赦過宥罪」。《既濟》云：「思患而豫防之」。臣愚以爲宜發哀矜之詔，引在予之責，蕩除瑕釁，贊陽布惠，使幽斃之人應蒼生以悅育，否滯之氣隨穀風而紓散。此亦寄時事以制用，藉開塞而曲成者也。

臣竊觀陛下貞明仁恕，體之自然，天假其祚，奄有區夏，啓重光於已昧，廓四祖之遐武，祥靈表瑞，人鬼獻謀，應天順時，殆不尚此。然陛下即位以來，中興之化未闡，雖躬綜萬機，勞逾日昃，玄澤未加於群生，聲教未被乎宇宙，臣主未寧於上，黔細未輯於下，《鴻雁》之咏不興，康衢之歌不作者，何也？杖道之情未著，而任刑之風先彰，經國之略未震，而軌物之迹屢遷。夫法令不一則人情惑，職次數改則覬覦生，官方不審則秕政作，懲勸不明則善惡渾，此有國者之所慎也。臣竊爲陛下惜之。夫以區區之曹參，猶能遵蓋公之一言，倚清靖以鎮俗，寄市獄以容非，德音不忘，流咏於今。漢之中宗，聰悟獨斷，可謂令主，然厲意刑名，用虧純德。《老子》以禮爲忠信之薄，况刑又是禮之糟粕者乎！夫無爲而爲之，不宰以宰之，固陛下之所體者也。耻其君不爲堯舜者，亦豈惟古人！是以敢肆狂瞽，不隱其懷。若臣言可采，或所以爲塵露之益；若不足采，所以廣聽納之門。願陛下少留神鑒，賜察臣言。

疏奏，優詔報之。

其後日有黑氣，璞復上疏曰：

臣以頑昧，近者冒陳所見，陛下不遺狂言，事蒙禦省。伏讀聖詔，歡懼交戰。臣前云升陽未布，隆陰仍積，《坎》爲法象，刑獄所麗，變《坎》加《離》，厥象不燭，疑將來必有薄蝕之變也。此月四日，日出山六七丈，精光潛昧，而色都赤，中有異物大如鷄子，又有青黑之氣共相薄擊，良久方解。案時在歲首純陽之月，日在癸亥全陰之位，而有此異，殆元首供禦之義不顯，消復之理不著之所致也。計去微臣所陳，未及一月，而便有此變，益明皇天留情陛下懇懇之至也。

往年歲末，太白蝕月，今在歲始，日有咎讁。會未數旬，大眚再見。日月告釁，見懼詩人，無曰天高，其鑒不遠。故宋景言善，熒惑退次；光武寧亂，呼沲結冰。此明天人之懸符，有若形影之相應。應之以德，則休祥臻；酬之以怠，則咎徵作。陛下宜恭承靈譴，敬天之怒，施沛然之恩，諧玄同之化，上所以允塞天意，下所以弭息群謗。

臣聞人之多幸，國之不幸。赦不宜數，實如聖旨。臣愚以爲子産之鑄刑書，非政事之善，然不得不作者，須以救弊故也。今之宜赦，理亦如之。隨時之宜，亦聖人所善者。此國家大信之要，誠非微臣所得幹豫。今聖朝明哲，思弘謀猷，方辟四門以亮采，訪輿誦於群心，況臣蒙珥筆朝末，而可不竭誠盡規哉！

頃之遷尚書郎。數言便宜，多研匡益。明帝之在東宮，與溫嶠、庾亮並有布衣之好，璞亦以才學見重，埒於嶠、亮，論者美之。然性輕易，不修威儀，嗜酒好色，時或過度。著作郎幹寶常誡之曰：「此非適性之道也」。璞曰：「吾所受有本限，用之恒恐不得盡，卿乃憂酒色之爲患乎！」

璞既好卜筮，縉紳多笑之。又自以才高位卑，乃著《客傲》，其辭曰：

客傲郭生曰：「玉以兼城爲寶，士以知名爲賢。明月不妄映，蘭葩豈虛鮮。今足下既以拔文秀於叢薈，蔭弱根於慶雲，凌扶搖而竦翮，揮清瀾以濯鱗，而響不徹於九皋，價不登乎千金。傲岸榮悴之際，頡頏龍魚之間，進不爲諧隱，退不爲放言，無沈冥之韻，而希風乎嚴光，徒費思於鑽咏，摹《洞林》乎《連山》，尚何名乎！夫攀驪龍之髯，撫翠禽之毛者，而不得絕霞肆、跨天津者，未之前聞也」。

郭生粲然而笑曰：「鷦鷯不可與論雲翼，井蛙難與量海鰲。雖然，將袪子之惑，訊以未悟，其可乎？

「乃者地維中絕，乾光墜采，皇運暫回，廓祚淮海。龍德時乘，群才雲駭，藹若鄧林之會逸翰，爛若溟海之納奔濤，不煩咨嗟之訪，不假蒲帛之招，羈九有之奇駿，咸總之於一朝，豈惟豐沛之英，南陽之豪！昆吾挺鋒，驌驦軒髦，杞梓競敷，蘭荑爭翹，嚶聲冠於伐木，援類繁乎拔茅。是以水無浪士，巖無幽人，刈蘭不暇，爨桂不給，安事錯薪乎！」

「且夫窟泉之潛不思雲翬，熙冰之采不羨旭晞，渾光曜於埃藹者，亦曷顧滄浪之深，秋陽之映乎！登降紛於九五，淪湧懸乎龍津。蚓蛾以不才陸槁，蟒蛇以騰鶩暴鱗。連城之寶，藏於褐裏，三秀雖艷，糜於麗采。香惡乎芬？貫惡乎在？是以不塵不冥，不驪不騂，支離其神，蕭悴其形。形廢則神王，迹麤而名生。體全者爲犧，至獨者不孤，傲俗者不得以自得，默覺者不足以涉無。故不恢心而形遺，不外累而智喪，無巖穴而冥寂，無江湖而放浪。玄悟不以應機，洞鑒不以昭曠。不物物我我，不是是非非。忘意非我意，意得非我懷。寄群籟乎無象，域萬殊於一歸。不壽殤子，不夭彭涓，不壯秋豪，不小太山。蚑蝨與天地齊流，蜉蝣與大椿齒年。然一闔一開，兩儀之迹，一沖一溢，懸象之節，渙沍期於寒暑，凋蔚要乎春秋。青陽之翠秀，龍豹之委穎，駿狼之長暉，玄陸之短景。故皋壤爲悲欣之府，蝴蝶爲物化之器矣。」

「夫欣黎黃之音者，不顰蟪蛄之吟；豁雲臺之觀者，必闕帶索之歡。縱蹈而詠採薺，擁壁而嘆抱關。戰機心以外物，不能得意於一弦。悟往復於嗟嘆，安可與言樂天者乎！若乃莊周偃蹇於漆園，老萊婆娑於林窟，嚴平澄漠於塵肆，梅貞隱淪乎市卒，梁生吟嘯而矯迹，焦先混沌而槁杌，阮公昏酣而賣傲，翟叟遯形以倏忽。吾不能幾韵於數賢，故寂然玩此員策與智骨」。

永昌元年，皇孫生，璞上疏曰：

有道之君未嘗不以危自持，亂世之主未嘗不以安自居。故存而不忘亡者，三代之所以興也；亡而自以爲存者，三季之所以廢也。是以古之令主開納忠讜，以弼其違；標顯切直，用攻其失。至乃聞一善則拜，見規誡則懼。何者？蓋不私其身，處天下以至公也。臣竊惟陛下符運至著，勛業至大，而中興之祚不隆、聖敬之風未躋者，殆由法令太明，刑教太峻。故水至清則無魚，政至察則衆乖，此自然之勢也。

臣去春啓事，以囹圄充斥，陰陽不和，推之卦理，宜因郊祀作赦，以蕩滌瑕穢。不然，將來必有愆陽苦雨之災，崩震薄蝕之變，狂狡蠢戾之妖。其後月餘，日果薄斗。去秋以來，諸郡並有暴雨，水皆洪潦，歲用無年。適聞吳興復欲有構妄者，咎徵漸成，臣甚惡之。頃者以來，役賦轉重，獄犴日結，百姓困擾，甘亂者多，小人愚險，共相扇惑。雖勢無所至，然不可不虞。案《洪範傳》，君道虧則日蝕，人憤怨則水湧益，陰氣積則下代上。此微理潛應已著實於事者也。假令臣遂不幸謬中，必貽陛下側席之憂。

今皇孫載育，天固靈基，黔首顒顒，實望惠潤。又歲涉午位，金家所忌。宜於此時崇恩布澤，則火氣潛消，災譴不生矣。陛下上承天意，下順物情，可因皇孫之慶大赦天下。然後明罰敕法，以肅理官，克厭天心，慰塞人事，兆庶幸甚，禎祥必臻矣。

臣今所陳，暫而省之，或未允聖旨，久而尋之，終亮臣誠。若所啓上合，願陛下勿以臣身廢臣之言。臣言無隱，而陛下納之，適所以顯君明臣直之義耳。

疏奏，納焉，即大赦改年。

時暨陽人任谷因耕息於樹下，忽有一人著羽衣就淫之，既而不知所在，谷遂有娠。積月將產，羽衣人復來，以刀穿其陰下，出一蛇子便去。谷遂成宦者。後詣闕上書，自雲有道術。帝留谷於宮中。璞復上疏曰：「任谷所爲妖異，無有因由。陛下玄鑒廣覽，欲知其情狀，引之禁內，供給安處。臣聞爲國以禮正，不聞以奇邪。所聽惟人，故神降之吉。陛下簡默居正，動遵典刑。案《周禮》，奇服怪人不入宮，況谷妖詭怪人之甚者，而登講肆之堂，密邇殿省之側，塵點日月，穢亂天聽，臣之私情竊所以不取也。陛下若以谷信爲神靈所憑者，則應敬而遠之。夫神，聰明正直，接以人事。若以谷爲妖蠱詐妄者，則當投畀裔土，不宜令褻近紫闈。若以谷或是神祇告譴、爲國作眚者，則當克己修禮以弭其妖，不宜令谷安然自容，肆其邪變也。臣愚以爲陰陽陶烝，變化萬端，亦是狐狸魍魎憑假作慝。願陛下采臣愚懷，特遣谷出。臣以人乏，忝荷史任，敢忘直筆，惟義是規」。其後元帝崩，谷因亡走。

璞以母憂去職，卜葬地於暨陽，去水百步許。人以近水爲言，璞曰：「當即爲陸矣」。其後沙漲，去墓數十里皆爲桑田。未期，王敦起璞爲記室參軍。是時潁川陳述爲大將軍掾，有美名，爲敦所重，未幾而沒。璞哭之哀甚，呼曰：「嗣祖，嗣祖，焉知非福！」未幾而敦作難。時明帝即位逾年，未改號，而熒惑守房。璞時休歸，帝乃遣使賫手詔問璞。會暨陽縣復上言曰赤烏見。璞乃上疏請改年肆赦，文多不載。璞嘗爲人葬，帝微服往觀之，因問主人何以葬龍角，此法當滅族。主人曰：「郭璞云此葬龍耳，不出三年當致天子也」。帝曰：「出天子邪？」答曰：「能致天子問耳」。帝甚異之。璞素與桓彝友善，彝每造之，或值璞在廁間，便入。璞曰：「卿來，他處自可徑前，但不可廁上相尋耳。必客主有殃」。彝後因醉詣璞，正逢在廁，掩而觀之，見璞裸身被發，銜刀設醊。璞見彝，撫心大驚曰：「吾每屬卿勿來，反更如是！非但禍吾，卿亦不免矣。天實爲之，將以誰咎！」璞終嬰王敦之禍，彝亦死蘇峻之難。

王敦之謀逆也，溫嶠、庾亮使璞筮之，璞對不決。嶠、亮復令占己之吉凶，璞曰：「大吉」。嶠等退，相謂曰：「璞對不了，是不敢有言，或天奪敦魄。今吾等與國家共舉大事，而璞云大吉，是爲舉事必有成也」。於是勸帝討敦。初，璞每言「殺我者山宗」，至是果有姓崇者構璞於敦。敦將舉兵，又使璞筮。璞曰：「無成」。敦固疑璞之勸嶠、亮，又聞卦凶，乃問璞曰：「卿更筮吾壽幾何？」答曰：「思向卦，明公起事，必禍不久。若住武昌，壽不可測」。敦大怒曰：「卿壽幾何？」曰：「命盡今日日中」。敦怒，收璞，詣南岡斬之。璞臨出，謂行刑者欲何之。曰：「南岡頭」。璞曰：「必在雙柏樹下」。既至，果然。復云：「此樹應有大鵲巢」。衆索之不得。璞更令尋覓，果於枝間得一大鵲巢，密葉蔽之。初，璞中興初行經越城，間遇一人，呼其姓名，因以褲褶遺之。其人辭不受，璞曰：「但取，後自當知」。其人遂受而去。至是，果此人行刑。時年四十九。及王敦平，追贈弘農太守。

初，庾翼幼時嘗令璞筮公家及身，卦成，曰：「建元之末丘山傾，長順之初子雕零」。及康帝即位，將改元爲建元，或謂庾冰曰：「子忘郭生之言邪？丘山上名，此號不宜用」。冰撫心嘆恨。及帝崩，何充改元爲永和，庾翼嘆曰：「天道精微，乃當如是。長順者，永和也，吾庸得免乎！」其年翼卒。冰又令筮其後嗣，卦成，曰：「卿諸子並當貴盛，然有白龍者，凶徵至矣。若墓碑生金，庾氏之大忌也」。後冰子蘊爲廣州刺史，妾房內忽有一新生白狗子，莫知所由來，其妾秘愛之，不令蘊知。狗轉長大，蘊入，是狗眉眼分明，又身至長而弱，異於常狗，蘊甚怪之。將出，共視在衆人前，忽失所在。蘊慨然曰：「殆白龍乎！庾氏禍至矣」。又墓碑生金。俄而爲桓溫所滅，終如其言。璞之占驗，皆如此類也。

璞撰前後筮驗六十餘事，名爲《洞林》。又抄京、費諸家要最，更撰《新林》十篇、《卜韵》一篇。注釋《爾雅》，別爲《音義》、《圖譜》。又注《三蒼》、《方言》、《穆天子傳》、《山海經》及《楚辭》、《子虛》、《上林賦》數十萬言，皆傳於世。所作詩賦誄頌亦數萬言。子鶩，官至臨賀太守。

注釋

①郲（gōng）：邑名。

校注參考文獻資料

《周易》
《漢書》
《晉書》
《元史》
《易洞林》
《初學記》
《京氏易傳》
《周易洞林》
《周易本義》
《周易古筮考》
《周易啓蒙翼傳》
《欽定四庫全書》
《欽定古今圖書集成》
《三千五百年曆日天象》

《郭氏洞林》校對整理說明

此稿據《欽定四庫全書·周易啓蒙翼傳·外篇》影印本錄入，參考《欽定古今圖書集成566冊·05理學彙編·21經籍典·第一百五十卷》（易經部·易學別傳十一·晉《郭璞洞林》），重新標點、校對、注釋。說明如下：

一、原版沒有書名號、卦名號，現據其內容和文意補入。

二、原版沒有標點，今揣摩其文意，采用現代標點方式進行標點。然因自己學力所限，其標點未必盡能如意。不當之處，還望方家不吝指正。

三、對生僻字采用脚注標出，采用《漢典》現代漢語拼音注音，簡注字意。

四、原版文字因年代久遠，其涉及的地名，人物，專業術語複雜。因此，對古代地名、人名或其他不易理解的概念，用脚注的方式加以說明，供讀者參考。

五、在每個卦例下，采用「元亨利貞網-納甲六爻在綫排卦系統」，排卦附後。

初校稿完成於：2005年9月10日

二校稿完成於：2008年11月26日

三校注釋定稿：2008年11月29日

重校注釋定稿：2014年6月20日

統一重校定稿：2019年6月29日

京氏易學愛好者　湖北省潛江市　虎易

網名：虎易

QQ：77090074

微信：wxid_e9cvbx1mugcf22

電子郵箱：tiger1955@163.com

新浪博客：http://blog.sina.com.cn/hbhy

http://blog.sina.com.cn/u/1248458677

《周易洞林》校注

據心一堂《周易洞林》（漢魏遺書鈔本）

《周易洞林》一卷，晉·郭璞①撰②，清·王謨③輯。清嘉慶三年（公元1798年）王謨刻本。

序錄

《隋志·五行家》，郭璞撰《易洞林》三卷。宋志一卷。

《晉書》本傳④曰：郭璞，字景純，河東聞喜人。博學有高才，而訥於言論⑤，好古文奇字，妙於陰陽筭曆。有郭公者，客居河東，精於卜筮⑥，璞從之受業。公以《青囊中書⑦》九卷與之，由是遂洞五行⑧、天文⑨、卜筮之術。爲著作㊀佐郎⑩，遷尚書郎⑪，嬰⑫王敦⑬之禍。璞撰前後筮驗⑭六十餘事，名爲《洞林》。又抄京費諸家要撮，更撰《新林》十篇，《卜韵》一篇，注釋《爾雅》，別爲《音義圖譜》，又注《三蒼》，《方言》，《穆天子傳》，《山海經》及《楚辭》，《子虛》。

胡氏《翼傳》⑮曰：「景純得《青囊書》，遂洞五行、天文、卜筮之術。嘗撰前後筮驗六十餘事，名爲《洞林》」。斷法用青龍、朱雀、勾陳、騰蛇、白虎、玄武六神，及太歲⑯諸煞神，時日旺相等，推算靈驗無比。「又抄京、費⑰諸家要撮㊁，更撰《新林》十篇，《卜韵》一篇」。大抵只用卦爻，不假文字，然雜以說相葬法，行符厭勝⑱之術，往往流於技藝，而易道日以支離卑下矣。

《經義考》⑲曰：「按：《郭氏洞林》，《初學記》⑳嘗引之。雙湖㊂胡氏撰《啓蒙翼傳》云：『世罕有其書，從王楚翁才古抄得之』。則元時此書尚存也。《洞林》之文，有三言者，有四言者，有七言者」。「驗其占法，靡不奇中。所謂林者，自爲韵語，占訣㊃之辭，猶存左氏傳遺㊄意」。

謨按：《玉海》㉑云：《崇文總㊅目》㉒止存《洞林》一卷，載二十二事。朱震《易叢說》㉓引之，據《經義考》說，此書元時尚存。如胡氏《翼傳》所引《同人》之《革》，《隨》之《升》諸卦，體例大略與《焦氏易林》相似，惜全書散軼無可考。既《說郛》亦元人陶氏所輯，中有《洞林》篇目，然僅數條，與胡氏《翼傳》又無一合者，不知此書元時果存否也。今並鈔出《類聚》三條，《書鈔》三條，《初學記》二條，《御覽》九條，《廣記》、《說郛》二條，《經義考》九條。

又按：朱子《周易本義》亦引《洞林》二條。一《泰》卦：「初九，拔茅茹，以其匯，徵吉」。云《洞林》讀至「匯、徵」字絕句。一《小過》，「初六，飛鳥以凶」。云《洞林》占得此者，或至羽蟲之孳。以本說未詳，附識於此。

注釋

①郭璞：字景純。(276～324)。河東聞喜（今山西省聞喜縣）人。晉元帝時爲著作佐郎。晉代學者、易學家、文學家、訓詁學家。他還是中國風水學鼻祖，所著有《葬經》傳世。參閱《晉書•列傳第四十二•郭璞》。

②撰（zhuàn）：寫作，纂集成整體。

③王謨：（約1731-1817），字仁圃，一字汝上，又作汝麋，晚稱汝上老人。金溪縣臨坊（今江西省南城縣沙洲鄉臨坊村）人。清代文學家、考據家。傳世有《漢京房易飛候一卷》、《晉郭璞易洞林一卷》等著作。參閱《清史稿•志一百二十•易類》。

④《晉書》本傳：指《晉書•列傳第四十二•郭璞》本傳。

⑤訥（nè）於言論：語言遲鈍。表示有話在肚裏，難以說出來。

⑥卜筮（shì）：古時預測吉凶，用龜甲稱卜，用蓍草稱筮，合稱卜筮。

⑦青囊（náng）中書：《晉書•列傳第四十二•郭璞》曰：「有郭公者，客居河東，精於卜筮，璞從之受業。公以《青囊中書》九卷與之，由是遂洞五行、天文、卜筮之術。……璞

門人趙載嘗竊《青囊書》，未及讀，而爲火所焚」。

⑧五行：指水、火、木、金、土。我國古代稱構成各種物質的五種元素，古人常以此説明宇宙萬物的起源和變化。

⑨天文：日月星辰等天體在宇宙間分布運行等現象。古人把風、雲、雨、露、霜、雪等地文現象也列入天文範圍。《易•賁》曰：「觀乎天文，以察時變」。

⑩著作佐郎：官名。著作郎下有著作佐郎、校書郎、正字等官。

⑪尚書郎：官名。東漢之制，取孝廉中之有才能者入尚書台，在皇帝左右處理政務，初入台稱守尚書郎中，滿一年稱尚書郎，三年稱侍郎。魏晉以後尚書各曹有侍郎、郎中等官，綜理職務，通稱爲尚書郎。

⑫嬰（yīng）：通「攖」。遭受、遇。

⑬王敦：（266年—324年），字處仲，琅邪臨沂（今山東臨沂北）人。爲東晉丞相王導的堂兄。王敦出身琅琊王氏，曾與王導一同協助司馬睿建立東晉政權，成爲當時權臣，但一直有奪權之心，最後亦因而發動政變，史稱王敦之亂。後來病逝，終年五十九歲。參閱《晉書•列傳第六十八•王敦》。

⑭筮驗：謂卜筮而獲應驗者。

⑮胡氏《翼傳》：指元•胡一桂撰《周易啓蒙翼傳》。胡一桂（1247-？），字庭芳，

號「雙湖先生」。徽州婺源（今江西婺源）人。生而穎悟，好讀書，尤精於易學，其學源於其父胡方平，治朱熹易學。著有《周易啓蒙翼傳》，行於世。參閱《元史・卷一百八十九・列傳第七十六・儒學一》。

⑯太歲：古代天文學中假設的歲星。又稱歲陰或太陰。古代認爲歲星（即木星）十二年一周天（實爲11.86年），因將黃道分爲十二等分，以歲星所在部分作爲歲名。但歲星運行方向自西向東，與將黃道分爲十二支的方向正相反，故假設有一太歲星作與歲星運行相反的方向運動，以每年太歲所在的部分來紀年。古代數術家認爲太歲亦有歲神，凡太歲神所在之方位及與之相反的方位，均不可興造、移徙和嫁娶、遠行，犯者必凶。此說源於漢代，傳至後世，說愈繁而禁愈嚴。

⑰京、費：西漢時期的京房、費直，兩人都是當時的易學大家。京房：（公元前77—前37年），字君明，本姓李，好音律，推律自定爲京氏。東郡頓丘（今河南清豐西南）人。治《易》，事梁人焦延壽，延壽字贛。贛常曰：「得我道以亡身者，京生也」。房以明災異得幸，爲石顯所譖誅，年僅四十一歲。房授東海殷嘉、河東姚平、河南乘弘，皆爲郎、博士。由是《易》有京氏之學。京氏撰寫了大量易學著作，《漢書・藝文志》載有：《孟氏京房》十一篇，《災異孟氏京房》六十六篇，《京氏段嘉》十二篇。《五行志》又引京房《易傳》、《易占》二書。以上京氏著作大多佚失，今只存《京氏易

傳》三卷。故項安世謂：「以京房考之，世所傳《火珠林》即其遺法」。納甲六親占法，即始於京房，他開創了納甲六親占法的預測模式。參閱《漢書·卷七十五·眭兩夏侯京翼李傳第四十五》。《漢書·卷八十八·儒林傳第五十八》。費直：字長翁，東萊（郡治今萊州市）人，西漢古文易學「費氏學」的開創者，官至單父（今山東省菏澤市單縣）令。費直依古文古字本漢易，稱《古文易》。參閱《漢書·卷八十八·儒林傳第五十八》。

⑱行符厭勝：使用符咒等方法，除邪得吉。相傳可以役鬼神，辟病邪。

⑲《經義考》：中國經學文獻的專科目錄。清朱彝尊撰，盧見曾編。朱彝尊（1629～1709）字錫鬯，號竹垞，浙江秀水（今嘉興）人。《經義考》是朱彝尊辭官以後據從前見聞，考察古今經學文獻，於1695～1699年間撰成的。

⑳《初學記》：唐代徐堅撰，共三十卷，分二十三部。本書取材於群經諸子、歷代詩賦及唐初諸家作品，保存了很多古代典籍的零篇單句。此書的編撰原爲唐玄宗諸子作文時檢查事類之用，故名《初學記》。

㉑《玉海》：《玉海》有204卷。是一部規模宏大的類書，分天文、地理、官制、食貨等21門。作者是南宋的王應麟。

㉒崇文總目：是宋代的官修書目，著錄經籍共3445部，30669卷，是北宋最大的目錄書。《崇文總目》六十六卷，按四部分四十五類。

㉓朱震《易叢說》：朱震（公元1072年生，卒於公元1138年），字子發，世稱漢上先生，湖北荊門人。登政和進士第，仕州縣以廉稱。遷秘書少監兼侍經筵，轉起居郎。轉給事中兼直學士院，遷翰林學士。有著作《漢上易傳》十一卷，《漢上易傳卦圖》三卷，《漢上易傳叢說》一卷，收錄於《欽定四庫全書・經部・易類》。參閱《宋史・卷四百三十五・列傳第一百九十四・儒林五・朱震》。

校勘記

㈠「作」，原本脫漏，據《晉書・列傳第四十二・郭璞》原文補入。
㈡「要撮」，原本作「最要」，疑誤，據《郭氏洞林》原文改作。
㈢「湖」，原本作「溪」，疑誤，據《經義考》原文改作。
㈣「訣」，原本作「波」，疑誤，據《經義考》原文改作。
㈤「遺」，原本作「餘」，疑誤，據《經義考》原文改作。
㈥「總」，原本作「書」，疑誤，據《崇文總目》書名改作。

周易洞林

晉　河東　郭璞　撰
安福　劉星海　校

梁元帝《洞林》㊀序曰：蓋聞玄枵①之野，鬼方難測，朱鳥之舍，神道莫知。而緹縵②曉披㊁，既辯黃鐘之氣，靈臺夕望，便知玉井之色。復以談乎天者，雖絕名言之外，存乎我者，還居稱謂之中。余幼學星文，多歷歲稔③，海中之書，略皆尋究，巫咸④之說，偏得研求。雖紫微迢遞，如觀掌握，青龍顯晦，易乎窺覽。羨門五將，亟經玩習，韓終六壬，常所寶愛。至如周王白雉之筮，殷人飛燕之卜；蓍名聚雪，非關地極之山；卦有密雲，能擁西郊之氣。爻通七聖，世經三古。山陽王氏⑤，直㊂解談玄。河東郭生⑥，纔能射覆。兼而兩之，竊自許矣。《藝文類聚》。

《同人》之《革》：

《周易洞林》引例：001						
來源：《郭氏洞林》卦例：004						
占事：令吾决其去留？						
離宮：天火同人（歸魂）				坎宮：澤火革		
本　　卦				**變　　卦**		
子孫壬戌土	⚊	應	○→	子孫丁未土	⚋	
妻財壬申金	⚊			妻財丁酉金	⚊	
兄弟壬午火	⚊			官鬼丁亥水	⚊	世
官鬼己亥水	⚊	世		官鬼己亥水	⚊	
子孫己丑土	⚋			子孫己丑土	⚋	
父母己卯木	⚊			父母己卯木	⚊	應

曰：「朱雀西北[四]，白虎東起，姦猾銜壁，敵人束手，占行得此，是謂無咎」。[7]

《隨》之《升》：

《周易洞林》引例：002							
來源：《郭氏洞林》卦例：005							
占事：復自筮之如何？							
	震宮：澤雷隨（歸魂）				震宮：地風升		
伏神	本　卦				變　卦		
	妻財丁未土	▅▅　▅▅	應		官鬼癸酉金	▅▅　▅▅	
	官鬼丁酉金	▅▅▅▅▅		○→	父母癸亥水	▅▅　▅▅	
子孫庚午火	父母丁亥水	▅▅▅▅▅		○→	妻財癸丑土	▅▅　▅▅	世
	妻財庚辰土	▅▅　▅▅	世	╳→	官鬼辛酉金	▅▅▅▅▅	
	兄弟庚寅木	▅▅　▅▅		╳→	父母辛亥水	▅▅▅▅▅	
	父母庚子水	▅▅▅▅▅		○→	妻財辛丑土	▅▅　▅▅	應

曰：「虎在山石㊄，馬過其左。駮㊅爲功曹，猾爲主者。垂耳而潛，不敢來下。爰升虛邑⑧，遂釋魏野」。

《豫》之《小過》：

《周易洞林》引例：003							
來源：《漢上易傳叢說》。							
	震宮：雷地豫（六合）				兌宮：雷山小過（遊魂）		
伏神	**本　　卦**				**變　　卦**		
	妻財庚戌土	⚋			妻財庚戌土	⚋	
	官鬼庚申金	⚋			官鬼庚申金	⚋	
	子孫庚午火	⚊	應		子孫庚午火	⚊	世
	兄弟乙卯木	⚋		×→	官鬼丙申金	⚊	
	子孫乙巳火	⚋			子孫丙午火	⚋	
父母庚子水	妻財乙未土	⚋	世		妻財丙辰土	⚋	應

曰：「五月晦日⑨，群魚來入州城寺舍」。下有缺文。

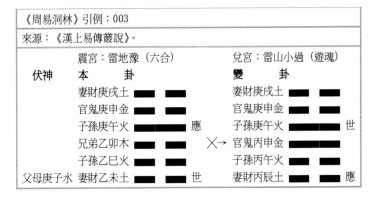

虎易按：《經義考》此條，來源於宋·朱震《漢上易傳叢說》，原文曰：「《郭璞洞林》，得《豫》之《小過》曰：『五月晦日，群魚來入州城寺舍』。注以乙未爲魚星，非也。《豫》艮爲門闕，震爲大塗，六三變九三，互有巽體，巽爲魚。《豫》五月卦，坤爲晦日」。

《既濟》：

《周易洞林》引例：004		
來源：《郭氏洞林》卦例：007		
占事：卜住安豐？		
坎宮：水火既濟		
本　　卦		
兄弟戊子水	⚋	應
官鬼戊戌土	⚊	
父母戊申金	⚋	
兄弟己亥水	⚊	世
官鬼己丑土	⚋	
子孫己卯木	⚊	

曰：「小狐汔濟[10]，垂尾累衰，初雖偷安，終靡所依。案卦言之，秋吉春悲」。

《否》：

《周易洞林》引例：005		
來源：《郭氏洞林》卦例：008		
占事：卜詣壽春？		
乾宮：天地否（六合）		
本　　卦		
父母壬戌土	━━━━	應
兄弟壬申金	━━━━	
官鬼壬午火	━━━━	
妻財乙卯木	━━　━━	世
官鬼乙巳火	━━　━━	
父母乙未土	━━　━━	

曰：「乾坤蔽㊆塞道消散㊇，虎刑挾鬼法凶亂，亂則何時時建寅，僵尸交林血流漂㊈，此占行者入塗炭」。

《小過》之《坤》：

《周易洞林》引例：006
來源：《郭氏洞林》卦例：009
時間：己丑月戊午日[11]
占事：卜詣陽泉？

	兌宮：雷山小過（遊魂）				坤宮：坤爲地（六沖）		
六神	**本　卦**				**變　卦**		
朱雀	父母庚戌土	▅▅　▅▅			兄弟癸酉金	▅▅　▅▅	世
青龍	兄弟庚申金	▅▅　▅▅			子孫癸亥水	▅▅　▅▅	
玄武	官鬼庚午火	▅▅▅▅▅	世	○→	父母癸丑土	▅▅　▅▅	
白虎	兄弟丙申金	▅▅▅▅▅		○→	妻財乙卯木	▅▅　▅▅	應
騰蛇	官鬼丙午火	▅▅　▅▅			官鬼乙巳火	▅▅　▅▅	
勾陳	父母丙辰土	▅▅　▅▅	應		父母乙未土	▅▅　▅▅	

曰：「《小過》之《坤》卦不奇，雖有卦氣變陽離，初見勾陳被牽羈[12]，暫過則可羈不宜，將見劫追事幾危，賴有龍德終無疵[13]」。

《遯》之《姤》：

《周易洞林》引例：007				
來源：《郭氏洞林》卦例：010				
時間：五月				
占事：占傷寒疾病？				
乾宮：天山遯			乾宮：天風姤	
本　　卦			**變　　卦**	
父母壬戌土	▅▅▅▅▅		父母壬戌土	▅▅▅▅▅
兄弟壬申金	▅▅▅▅▅	應	兄弟壬申金	▅▅▅▅▅
官鬼壬午火	▅▅▅▅▅		官鬼壬午火	▅▅▅▅▅　應
兄弟丙申金	▅▅▅▅▅		兄弟辛酉金	▅▅▅▅▅
官鬼丙午火	▅▅　▅▅	世　╳→	子孫辛亥水	▅▅▅▅▅
父母丙辰土	▅▅　▅▅		父母辛丑土	▅▅　▅▅　世

曰：「卦象出墓氣家囚，變身見絕鬼潛遊，爻墓充刑鬼煞俱，卜病得此歸蒿丘⑭，誰能救之坤上牛，若依子色吉之尤」。

《豫》之《解》：

《周易洞林》引例：008			
來源：《郭氏洞林》卦例：013			
占事：家適有祥，試爲卦？			
震宮：雷地豫（六合）		震宮：雷水解	
本　卦		**變　卦**	
妻財庚戌土	▄▄ ▄▄	妻財庚戌土	▄▄ ▄▄
官鬼庚申金	▄▄ ▄▄	官鬼庚申金	▄▄ ▄▄ 應
子孫庚午火	▄▄▄▄▄ 應	子孫庚午火	▄▄▄▄▄
兄弟乙卯木	▄▄ ▄▄	子孫戊午火	▄▄ ▄▄
子孫乙巳火	▄▄ ▄▄ ╳→	妻財戊辰土	▄▄▄▄▄ 世
妻財乙未土	▄▄ ▄▄ 世	兄弟戊寅木	▄▄ ▄▄

曰：「有釜之象無火形，變見夜光連月精，潛龍在中不遊行，案卦卜之藻盤鳴，金爻所憑無咎慶。」

《賁》之《豫》：

《周易洞林》引例：008					
來源：《郭氏洞林》卦例：011					
時間：四月					
占事：嫂病困，慮不能濟？					
艮宮：山火賁（六合）			震宮：雷地豫（六合）		
本　卦			**變　卦**		
官鬼丙寅木	▅▅▅▅▅		○→	兄弟庚戌土	▅▅　▅▅	
妻財丙子水	▅▅　▅▅			子孫庚申金	▅▅　▅▅	
兄弟丙戌土	▅▅　▅▅	應	╳→	父母庚午火	▅▅▅▅▅	應
妻財己亥水	▅▅▅▅▅		○→	官鬼乙卯木	▅▅　▅▅	
兄弟己丑土	▅▅　▅▅			父母乙巳火	▅▅　▅▅	
官鬼己卯木	▅▅▅▅▅	世	○→	兄弟乙未土	▅▅　▅▅	世

曰：「時陰在初卦失度，煞陰爲刑鬼入墓，建未之月難得度，消息卦爻爲扶助，馮馬之師乃寡嫗⑮，自然奇救宜饗㊉兔，子若恤之得守故」。並《啓蒙翼傳》⑯。

水不下澗，雲不登天，泥沉致寇，宮守不堅。

虎易按：《北堂書鈔・卷第一百五十九・地部三・泥篇十四》曰：「《易筮卦洞林》曰：水不下澗，雲不登天，沉泥致寇，官守不堅。「〇今案：俞本作泥沉，寇字空一口，餘同玉函山房輯《洞林》，寇字亦然」」。

臨淮⑰太守⑱柳道明，令郭㊉璞作卦，說之曰：「法君㊁婦當夢嫁」。問之果然。便教令取井底泥泥竈，欲常應道。即如法，日中塗之，至黃昏火凡十起，燒㊂竈室兩間而止，其婦果亡。

虎易按：《新鍥纂集諸家全書大成斷易天機・洞林秘訣論飛伏》曰：「道明占《晉》之《剝》卦，婦當夢嫁祥要也」。

柳道明占《晉》之《剝》卦：

《周易洞林》引例：009

來源：《洞林秘訣》占例：001

	乾宮：火地晉（遊魂）				乾宮：山地剝		
伏神	**本　卦**				**變　卦**		
父母壬戌土	官鬼己巳火	▅▅▅▅			妻財丙寅木	▅▅▅▅	
	父母己未土	▅▅　▅▅			子孫丙子水	▅▅　▅▅	世
官鬼壬午火	兄弟己酉金	▅▅▅▅	世	○→	父母丙戌土	▅▅　▅▅	
	妻財乙卯木	▅▅　▅▅			妻財乙卯木	▅▅　▅▅	
	官鬼乙巳火	▅▅　▅▅			官鬼乙巳火	▅▅　▅▅	應
	父母乙未土	▅▅　▅▅	應		父母乙未土	▅▅　▅▅	

晉係遊魂，遊魂主夢。四世己酉屬金，原係本宮壬午火，係乾家丈夫。第四變《剝》丙戌土，是火鬼墓。己酉身安在丈夫墓上，而不見丈夫。壬戌土，鬼墓，金，己巳火鬼，而在

墓上出。所以夢嫁也者，去尋丈夫也。問之，果然應所言。

此郭景純謀察伏神，使鬼神無所可逃形影。

卷縣⑲令施安置鑷，令璞射之。璞曰：「非簪非釵，《漢上易傳叢說》㊃引作：「簪非簪，釵非釵」。常在領下，鬢髮飾物，是有兩歧」。並《書鈔》。

虎易按：《太平御覽·卷七百一十四·服用部十六》：「《洞林》曰：卷縣令施安上懷鑷，令郭璞射之。璞曰：此是鏡物，有兩歧」。

《北堂書鈔·卷第一百三十六·服飾部五·鑷子六十八》：曰：「非簪非釵。《洞林》曰：卷縣令施安上懷鑷，令郭璞射之，璞曰：『非簪非釵，常在領⑳下，段髭㉑須，是鐵物，有兩歧』」。〇今案：《御覽七百十四》引，無非簪，以下但接云，「此是鏡物，有兩歧」。

玉函山房輯《洞林》，謂從《書鈔》引「上懷」二字，作置領誤領，删段字，下作鬢髮飾物，是有兩歧。此不過據陳本。抑知陳俞已破句矣。又案：「景純所射，是長短句法，當以釵爲句，鬢爲句，物爲句，歧爲句，段疑作斷，然據說文，段，椎物也，義亦可通」。

《漢上易傳叢說》曰：又筮遇《節》之《噬嗑》：

《周易洞林》引例：010				
來源：《漢上易傳叢說》。				
坎宮：水澤節（六合）			巽宮：火雷噬嗑	
本　　卦			**變　　卦**	
兄弟戊子水	▅▅ ▅▅	╳→	妻財己巳火	▅▅▅▅▅
官鬼戊戌土	▅▅▅▅▅	○→	官鬼己未土	▅▅ ▅▅ 世
父母戊申金	▅▅ ▅▅ 應	╳→	父母己酉金	▅▅▅▅▅
官鬼丁丑土	▅▅ ▅▅		官鬼庚辰土	▅▅ ▅▅
子孫丁卯木	▅▅▅▅▅	○→	子孫庚寅木	▅▅ ▅▅ 應
妻財丁巳火	▅▅▅▅▅ 世		兄弟庚子水	▅▅▅▅▅

曰：「簪非簪，釵非釵，此以內卦兌言也。兌爲金，大抵斷卦當先自內」。又曰：「在下頭斷髭須。所謂頭者，坎中之乾也。須者，在首下而裔也柔，坎也」。

璞避難至新息㉒，有人（十五）以茱萸㉓令璞射之。璞曰：「子如赤鈴含玄珠，案文言之是茱萸」。

郭（十六）璞爲左尉㉔周恭卜，云：「君且墮馬傷頭」。尉後乘馬行，黃昏，阪下有犢車觸石，馬驚，頭打石上，流血殆死。並《類聚》。

宣城郡㉕有隱鼠，大如牛，形似鼠。象脚，脚有三甲，皆如驢蹄。身赤色，胸前尾上皆白。《初學記》所引止此，下從《晉書》本傳鈔補。大力而遲鈍，來到城下，衆咸異焉。殷祐使人伏而取之，令璞作卦，遇《遯》之《蠱》：

其卦曰㉗：「《艮》體連《乾》，其物壯巨。山潛之畜，匪兕㉖匪虎。身與鬼並，精見二午。法當爲禽，兩靈㉘不許。遂被一創，還其本墅。按卦名之，是爲驢鼠」。卜適了，伏者以戟刺之，深尺餘，遂去不復見。

《周易洞林》引例：011							
來源：《初學記》、《晉書》。							
	乾宮：天山遯				巽宮：山風蠱（歸魂）		
伏神	**本　　卦**				**變　　卦**		
	父母壬戌土	▅▅▅			妻財丙寅木	▅▅▅	應
	兄弟壬申金	▅▅▅	應	○→	子孫丙子水	▅ ▅	
	官鬼壬午火	▅▅▅		○→	父母丙戌土	▅ ▅	
	兄弟丙申金	▅▅▅			兄弟辛酉金	▅▅▅	世
妻財甲寅木	官鬼丙午火	▅ ▅	世	╳→	子孫辛亥水	▅▅▅	
子孫甲子水	父母丙辰土	▅ ▅			父母辛丑土	▅ ▅	

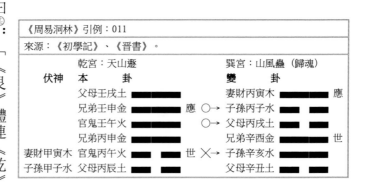

案：《晉書》本傳又云：「元帝初鎮建鄴㉗，王導令璞筮之，遇《咸》之《井》：

《周易洞林》引例：012

來源：《晉書•郭璞傳》。參閱《郭氏洞林》卦例：001

占事：時元帝初鎮建鄴，導令璞筮之？

	兌宮：澤山咸				震宮：水風井		
伏神	**本　卦**				**變　卦**		
	父母丁未土	⚋	應		子孫戊子水	⚋	
	兄弟丁酉金	⚊			父母戊戌土	⚊	世
	子孫丁亥水	⚊		○→	兄弟戊申金	⚋	
	兄弟丙申金	⚊	世		兄弟辛酉金	⚊	
妻財丁卯木	官鬼丙午火	⚋		╳→	子孫辛亥水	⚊	應
	父母丙辰土	⚋			父母辛丑土	⚋	

璞曰：「東北郡縣㉘㊈有『武』名者，當出鐸㉙，以著受命之符。西南郡縣有『陽』名者，井當沸」。其後晉陵武進縣㉚人於田中得銅鐸五枚㉛，歷陽縣㉜中井沸，經日乃止。

及帝爲晉王，又使璞筮，遇《豫》之《睽》：

《周易洞林》引例： 013						
來源：《郭氏洞林》卦例：002						
時間：戊寅年						
占事：余自通占國家徵瑞之事？						
震宮：雷地豫（六合）				艮宮：火澤睽		
本　　卦				**變　　卦**		
妻財庚戌土	▅▅　▅▅		╳→	子孫己巳火	▅▅▅▅▅	
官鬼庚申金	▅▅　▅▅			妻財己未土	▅▅　▅▅	
子孫庚午火	▅▅▅▅▅	應		官鬼己酉金	▅▅▅▅▅	世
兄弟乙卯木	▅▅　▅▅			妻財丁丑土	▅▅　▅▅	
子孫乙巳火	▅▅　▅▅		╳→	兄弟丁卯木	▅▅▅▅▅	
妻財乙未土	▅▅　▅▅	世	╳→	子孫丁巳火	▅▅▅▅▅	應

璞曰：「會稽[33]當出鐘，以告成功，上有勒銘[34]，應在人家井泥中得之。繇辭所謂『先

王以作樂崇德，殷薦之上帝㉟』者也」。及帝即位，太(干)興初㊱，會稽剡縣㊲人果於井中得一鐘，長七寸二分，口徑四寸半，上有古文奇書十八字，云「會稽嶽命」，餘字時人莫識之。此文亦當本《洞林》，附錄於此。

義興方叔保得傷寒垂死，令璞占之，不吉。令求白牛厭之，求之不得。唯羊子玄有一白牛，不肯借之。璞為致之。即日有大白牛從西來，徑往臨叔保。驚惶，病即愈。並《初學記》。

虎易按：本節內容錄自《初學記・卷二十九・獸部・牛第五》，附《郭氏洞林》原文如下，供讀者參考。

義興郡丞㊳仍叔寶，得傷寒疾，積日危困。令卦得《遯》之《姤》：

《周易洞林》引例： 014						
來源：《郭氏洞林》卦例：010						
時間：五月						
占事：占傷寒疾病？						
乾宮：天山遯				乾宮：天風姤		
本　　卦				**變　　卦**		
父母壬戌土	━━━━			父母壬戌土	━━━━	
兄弟壬申金	━━━━	應		兄弟壬申金	━━━━	
官鬼壬午火	━━━━			官鬼壬午火	━━━━	應
兄弟丙申金	━━━━			兄弟辛酉金	━━━━	
官鬼丙午火	━━　━━	世	╳→	子孫辛亥水	━━━━	
父母丙辰土	━━　━━			父母辛丑土	━━　━━	世

其林曰：卦象出墓氣家囚，《艮》爲乾墓，世主丑，故卜時五月，申金在囚。變身見絕鬼潛

遊。身在丙午，夏入辛亥，在五月。爻墓充刑鬼煞俱，生戌爲鬼墓，而初六爲戌刑，刑在占，故言充刑。五月白虎在卯，與月煞並也。卜病得此歸蒿丘㊴。誰能救之坤上牛，以卜爻見丑爲牛，丑爲子能扶身，尅鬼之厭㊵，虎煞上令伏不動。若依子色吉之尤。《巽》主辛丑，丑爲白虎，金色復徵，以和解鬼及虎煞，皆相制也。

案林，即令求白牛。而廬江荒僻，卒索不得。即日有大牛從西南來詣，途中仍留一宿，主人乃知，過將去，去之後，復尋挽斷綱來臨叔寶，叔寶驚愕起，病得愈也。此即救禦㊶潛應，感而遂通。

曲阿令㊷趙元瞻，兒字虎舒，從吾學卜，自求蓍作卦。見吾有盛艾小陵龜，欲得之，不與，語之曰：「當作卦相爲致此物，令自來」。復數日，果有一龜入厩。虎舒後見吾言：「偶有一物，試可占之，若得，當再拜，輸一好角弓」。即便作卦，曰：「案卦之文是爲龜」。虎舒奉弓起，再拜。

東中郎參軍㊸周稚炎，卦蠶蛾截蟲㊹，使璞射之。璞曰：「射覆得此大落度，必是蟲蛾及毛蠹。稚炎鐃鬢，故因以調之也」。

殷鴻喬令吾作卦，得《大壯》之《夬》：

《周易洞林》引例：015						
來源：《太平御覽·卷四百九十六》。						
坤宮：雷天大壯（六沖）				坤宮：澤天夬		
本　卦				**變　卦**		
兄弟庚戌土	▅▅ ▅▅			兄弟丁未土	▅▅ ▅▅	
子孫庚申金	▅▅ ▅▅		×→	子孫丁酉金	▅▅▅▅▅	世
父母庚午火	▅▅▅▅▅	世		妻財丁亥水	▅▅▅▅▅	
兄弟甲辰土	▅▅▅▅▅			兄弟甲辰土	▅▅▅▅▅	
官鬼甲寅木	▅▅▅▅▅			官鬼甲寅木	▅▅▅▅▅	應
妻財甲子水	▅▅▅▅▅	應		妻財甲子水	▅▅▅▅▅	

語之云：「慎勿與許姓者共事田作也，必鬬相傷」。殷還宣城[十二]，遂與許姓共田。田熟有所爭，此人舉杖欲撞之，鴻喬退思中間之界，辭謝，許乃得休。

吳興㊺太守袁琇㊻㉜當之官㊼，筮卦吉凶，璞曰：「至官㉝，當有㉞赤蛇爲妖，不可殺」。及至，果有赤蛇在銅虎符石函上蟠㊽，袁琇㉟擿㊾殺之。其後果爲賊徐馥㊱所害㊿。

揚州從事(51)愼曜伯婦病，因經日發作，有時如聞物往來者。其兄周彥武令人㊲作卦，得《蹇》：

《周易洞林》引例：016		
來源：《太平御覽》。		
占事：卜弟婦病？		
	兌宮：水山蹇	
伏神	**本卦**	
	子孫戊子水 ▅▅　▅▅	
	父母戊戌土 ▅▅▅▅▅	
	兄弟戊申金 ▅▅　▅▅	世
	兄弟丙申金 ▅▅▅▅▅	
妻財丁卯木	官鬼丙午火 ▅▅　▅▅	
	父母丙辰土 ▅▅　▅▅	應

身在戊㊅戌，與坎鬼並卦中，當有從東北田家市黑狗畜之，以代人，任恚死。無幾時，狗便死。復更養如前，凡三過養，輒皆吐血而死，婦亦病死。

虎易按：《蹇》卦世爻屬陰，則月卦身爲「酉」，其論「身在戊戌」有誤。《蹇》卦五爻父母戊戌土，在《坎》卦五爻，則爲官鬼戊戌土，因此，稱爲「與坎鬼並卦中」。

寧遠參軍弘景則，其姊適吳[二九]，病四十餘年，暫歸來，在其家。令吾卜之，得《明夷》之《小過》：

《周易洞林》引例：017							
來源：《太平御覽》。							
占事：卜姊病？							
	坎宮：地火明夷（遊魂）				兌宮：雷山小過（遊魂）		
伏神	本卦				變卦		
	父母癸酉金	▅▅ ▅▅			官鬼庚戌土	▅▅ ▅▅	
	兄弟癸亥水	▅▅ ▅▅			父母庚申金	▅▅ ▅▅	
	官鬼癸丑土	▅▅ ▅▅	世	╳→	妻財庚午火	▅▅▅▅▅	世
妻財戊午火	兄弟己亥水	▅▅▅▅▅			父母丙申金	▅▅▅▅▅	
	官鬼己丑土	▅▅ ▅▅			妻財丙午火	▅▅ ▅▅	
	子孫己卯木	▅▅▅▅▅	應	○→	官鬼丙辰土	▅▅ ▅▅	應

然病每欲動時，輒有烏來鳴，即便發作。案卦中，當取得獨蹄猪畜之。如其言，後婦人

如欲眠，而見一丈夫，衣服盡黑，在户前立，遥呼婦人。語其來前，不肯，言有所避，遂泣而去。病始小間㊾。吾嘗與殷祐共論此事，曰：「烏，日之㉚禽；猪，月畜。水火相忌，自然之數。故取玄㉛陰之伏物，用消太㉜陽之飛精。日中三足，故以獨足者當之」。

流移道路，諸人並欲令郭㉝璞射覆，人人自持五月五日蜘蛛者。物悉驗，遂不復射。

太子洗馬㊿荀子驥家中，以龍銅魁作食，歘[54]鳴。

丞相從事中郎王文英家，枕自作聲。並《太平御覽》。

晉㉞中宗爲丞相時，有雞雛者，而雀飛集其背，驅之，去而復來，如此再三，令璞占之，云：「雞者酉，酉者金，夫雀變而來赴之，即晉王踐祚[55]之象也。

元帝時，三雀共登一雄雞背，三入安東廳。占者以爲當進三爵爲天子。

有日者柳林祖善卜筮，其妻曾病鼠瘻，積年不瘥，漸因垂命。林祖遂占之，得《頤》之《復》：

《周易洞林》引例：018						
來源：《太平廣記》。						
占事：令兒來卜婦病？						
	巽宮：山雷頤（遊魂）			坤宮：地雷復（六合）		
伏神	**本　　卦**			**變　　卦**		
	兄弟丙寅木	▅▅▅▅▅	○→	官鬼癸酉金	▅▅　▅▅	
子孫辛巳火	父母丙子水	▅▅　▅▅		父母癸亥水	▅▅　▅▅	
	妻財丙戌土	▅▅　▅▅	世	妻財癸丑土	▅▅　▅▅	應
官鬼辛酉金	妻財庚辰土	▅▅　▅▅		妻財庚辰土	▅▅　▅▅	
	兄弟庚寅木	▅▅　▅▅		兄弟庚寅木	▅▅　▅▅	
	父母庚子水	▅▅▅▅▅	應	父母庚子水	▅▅▅▅▅	世

案卦曰㊺：「應得姓石者治之，當獲灸鼠而愈也」。既而鄉里有一賤家，果姓石，自言能除此病。遂灸病者頭上三處，覺佳。俄有一鼠，色黄秀，逕前，嗾嗾㊻然伏而不動，呼犬噬殺之。視鼠頭上，有三灸處。病者自瘥。並《太平廣記》。

日㊾爲流珠，青龍之俱㊼。

趙朔善占卦氣，客有卜田者？得《履》之《巽》：

《周易洞林》引例：019
來源：《說郛》。
占事：客有卜田者？

	艮宮：天澤履				巽宮：巽爲風（六沖）		
伏神	**本　　卦**				**變　　卦**		
	兄弟壬戌土	▅▅▅			官鬼辛卯木	▅▅▅	世
妻財丙子水	子孫壬申金	▅▅▅	世		父母辛巳火	▅▅▅	
	父母壬午火	▅▅▅		○→	兄弟辛未土	▅　▅	
	兄弟丁丑土	▅　▅		╳→	子孫辛酉金	▅▅▅	應
	官鬼丁卯木	▅▅▅	應		妻財辛亥水	▅▅▅	
	父母丁巳火	▅▅▅		○→	兄弟辛丑土	▅　▅	

朔曰：「子歸，家有逸豚」。已而果然。並《說郛》。

虎易按：「得《履》之《巽》」，《易洞林》作「得《履》之四」。閱《中國書店》1986年版《說郛》，無《洞林》內容，因此無法確認，暫時各自保留，待查得古籍原版內容後，再做校注。

注釋

①玄枵(xuán xiāo)：十二星次之一。與二十八宿相配爲女、虛、危三宿，與十二辰相配爲子，與占星術的分野相配爲齊。

②緹縵(tí màn)：亦作「緹幔」。橘紅色的帷幕。

③歲稔(rěn)：年成豐熟。

④巫咸：古代傳說人名。殷中宗的賢臣。一作巫戊。相傳他發明鼓，是用筮占卜的創始者，又是個占星家，後世有假托他所測定的恒星圖。

⑤山陽王氏：指王弼（226年—249年），字輔嗣，三國時代曹魏山陽郡人（今山東濟寧、魚台、金鄉一帶）。

⑥河東郭生：指郭璞。參閱《晉書•列傳第四十二•郭璞》。

⑦無咎(jiù)：沒有禍殃；沒有罪過。《易•繫辭上》曰：「無咎者，善補過也」。

⑧爰升虛邑：《升》卦九三：升虛邑。象曰：升虛邑，無所疑也。

⑨晦（huì）日：農曆每月最後的一天。

⑩小狐迄（qì）濟：《易・未濟》曰：「未濟：亨，小狐汔濟，濡其尾，無攸利」。

⑪己丑月戊午日：原文無此時間，據「初見勾陳被牽羈」和《三千五百年曆日天象》推知。

⑫牽羈（jī）：牽絆，羈絆。

⑬無疵（cī）：沒有毛病。

⑭蒿（hāo）丘：指墳墓。

⑮寡嫗（guǎ yǔ）：老年的寡婦。

⑯《啓蒙翼傳》：是《周易啓蒙翼傳・外篇》的簡稱。

⑰臨淮：西漢始有臨淮其名。元狩六年(前117年即漢武帝劉徹在位第六年)，設置臨淮郡，淮陰、射陽縣屬臨淮郡，盱眙爲臨淮郡都尉治所。

⑱太守：官名。秦置郡守，漢景帝時改名太守，爲一郡最高的行政長官。

⑲卷（quān）縣：古縣名。本戰國魏邑，西漢置縣，治所在今河南省原陽縣舊原武西北，北魏太平真君時廢。

⑳頷（hàn）：下巴頦（kē）。

㉑髭（zī）須：鬍子。唇上曰髭，唇下爲須。

㉒新息：古縣名。春秋息國，在今河南息縣西南。漢置縣，治所移今河南息縣，改名新息。

晉爲汝南郡治所。
㉓茱萸（zhū yú）：植物名。香氣辛烈，可入藥。
㉔左尉（wèi）：古代官名，掌管軍事。
㉕宣城郡：東漢設置，後廢。晉太康元年（280）復置。太康二年（281年）分丹陽郡置，治所在宛陵縣（今安徽省宣城市）。轄境相當今安徽省長江以東的宣城、廣德、寧國、太平、石台等市縣地。
㉖兕（sì）：古書上所說的雌犀牛。
㉗建鄴：古地名。（今江蘇省南京市）晉太康二年（公元281年），秣陵縣被一分爲二，秦淮河以南稱秣陵，以北置建業，次年改稱建鄴。
㉘郡（jùn）縣：郡和縣的並稱。古代兩級行政單位，大體相當今天的省與縣。郡縣之名，初見於周。秦始皇統一中國，分國內爲三十六郡，爲郡縣政治之始，漢初封建制與郡縣制並行，其後郡縣遂成常制。
㉙鐸（duó）：銅制大鈴，形如鐃、鉦而有舌，古代宣布政教法令用的，亦爲古代樂器。
㉚晉陵武進縣：古縣名。西晉永嘉五年（公元311年），因避東海王越世子毗（pí同「毗」字）諱，以毗陵縣改名。治所在今江蘇常州市。
㉛銅鐸（duó）五枚：《郭氏洞林》曰：「有銅鐸六枚」，與史書記錄五枚不符，提請

讀者注意分辨。

㉜歷陽縣：古縣名，治所在今安徽和縣。

㉝會（kuài）稽：古郡名，在今江浙地區。郡治吳縣（蘇州市姑蘇區），轄春秋時越國、吳國故地。西晉初會稽郡領十縣，僅轄今紹興、寧波一帶。

㉞勒銘：指刻在金石上的銘文。

㉟先王以作樂崇德，殷薦之上帝：語出《易・豫・象曰》：「雷出地奮，豫。先王以作樂崇德，殷薦之上帝，以配祖考」。

㊱太興初：太興爲晉元帝司馬睿的年號，從公元318至公元321年。《郭氏洞林》曰：「歲在執徐」，古代的記年名詞，執徐指辰年。則是指庚辰年（公元320年）。

㊲剡（shàn）縣：古縣名。在今浙江嵊縣。

㊳義興郡丞：「以周玘創義討石冰，割吳興之陽羨並長城縣之北鄉置義鄉、國山、臨津並陽羨（今江蘇宜興市）四縣，又分丹陽之永世置平陵及永世，凡六縣，立義興郡，以表紀之功，並屬揚州」。參閱《晉書・志第五・地理下》。郡丞爲郡守的副貳。秦廢封建設郡縣，郡置守、丞、尉各一人。守治民，丞爲佐。

㊴蒿（hāo）丘：指墳墓。

㊵厭（yā）：以迷信的方法，鎮服或驅避可能出現的災禍，或致災禍於人。

㊶救禦（yù）：阻止，防禦。

㊷曲阿令：曲阿縣令，舊時一縣的行政長官。晉太康二年（281年），廢毗陵典農校尉置毗陵郡，曲阿屬毗陵郡。永嘉五年（311年），爲避東海王越世子諱，改毗陵郡爲晉陵郡，曲阿爲其屬縣。

㊸中郎參軍：官名。中郎：秦置，漢沿用。擔任宮中護衛、侍從。屬郎中令。分五官、左、右三中郎署。各署長官稱中郎將，省稱中郎。參軍：東漢末始有「參某某軍事」的名義，謂參謀軍事。簡稱「參軍」。晉以後軍府和王國始置爲官員。

㊹蛓（cì）蟲：一種毛蟲，刺蛾科黄刺蛾的幼蟲。俗稱「洋辣子」。

㊺吴興：郡名。三國·吴·寶鼎元年（公元266年）置。治所在烏程縣（今浙江吴興縣南）。

㊻琇（xiù）：一種像玉的石。

㊼之官：上任，前往任所。

㊽蟠（yì）：屈曲，環繞。

㊾撾（zhuā）：古同「抓」。

㊿其後果爲賊徐馥所害：懷帝永嘉五年，蝘鼠出延陵。郭景純筮之曰：「此郡東之縣，當有妖人欲稱制者，亦尋自死矣。」其後吴興徐馥作亂，殺太守袁琇，馥亦時滅，是其應也。參閱《晉書·志第十八·五行中》。

⑤¹從事：古代官職名。漢以後三公及州郡長官皆自辟僚屬，多以從事爲稱。

⑤²病始小間：病稍愈。

⑤³太子洗馬：官名。漢置，太子屬官。《後漢書・百官志四》：「太子洗馬，比六百石。本注曰：《舊注》云，員十六人，職如謁者。太子出，則當直者在前導威儀」。

⑤⁴欻（xū）：忽然。

⑤⁵踐祚（jiàn zuò）：即位；登基。

⑤⁶噞噞（yǎn yǎn）：鮮活貌。

⑤⁷日爲流珠，青龍之俱：《周易參同契・龍虎兩弦章第九》原文：「汞日爲流珠，青龍與之俱」。

校勘記

㊀「洞林」，原本脫漏，據《藝文類聚・卷第七十五・方術部・卜筮》原文補入。

㊁「披」，原本作「被」，疑誤，據《藝文類聚・卷第七十五・方術部・卜筮》原文改作。

㊂「直」，原本作「真」，疑誤，據《藝文類聚・卷第七十五・方術部・卜筮》原文改作。

㊃「北」，原本作「飛」，疑誤，據《周易啓蒙翼傳・外篇・郭氏洞林》原文改作。

（五）「石」，原本作「右」，疑誤，據《周易啓蒙翼傳·外篇·郭氏洞林》原文改作。
（六）「駮」，原本作「駁」，疑誤，據《周易啓蒙翼傳·外篇·郭氏洞林》原文改作。
（七）「蔽」，原本作「閉」，疑誤，據《周易啓蒙翼傳·外篇·郭氏洞林》原文改作。
（八）「散」，原本作「長」，疑誤，據《周易啓蒙翼傳·外篇·郭氏洞林》原文改作。
（九）「漂」，原本作「杵」，疑誤，據《周易啓蒙翼傳·外篇·郭氏洞林》原文改作。
（十）「饗」，原本作「粲」，疑誤，據《周易啓蒙翼傳·外篇·郭氏洞林》原文改作。
（十一）「郭」，原本脫漏，據《北堂書鈔·卷第一百五十九·地部三》原文補入。
（十二）「君」，原本作「官」，疑誤，據《北堂書鈔·卷第一百五十九·地部三》原文改作。
（十三）「燒」，原本脫漏，據《北堂書鈔·卷第一百五十九·地部三》原文補入。
（十四）「《漢上易傳叢說》」，原本作「《周易叢說》」，疑誤，據朱震著作名稱改作。
（十五）「人」，原本脫漏，據《藝文類聚·卷第八十九·木部下》原文補入。
（十六）「郭」，原本脫漏，據《藝文類聚·卷十七·人部一》原文補入。
（十七）「其卦曰」，原本作「四」，疑誤，據《晉書·列傳第四十二·郭璞》原文改作。
（十八）「靈」，原本作「翼」，疑誤，據《晉書·列傳第四十二·郭璞》原文改作。
（十九）「東北郡縣」，原本作「東西郡比」，疑誤，據《晉書·列傳第四十二·郭璞》原文改作。

⑩「太」，原本作「大」，疑誤，據《晉書·列傳第四十二·郭璞》原文改作。

⑪「宣城」，原本作「先成」，疑誤，《太平御覽·卷四百九十六·人事部一百三十七》原文改作。

⑫「袁琇」，原本作「袁玄瑛」，疑誤，據《晉書·志第十八·五行中》原文改作。

⑬「至官」，原本作「法官至」，據《太平御覽·卷八百八十五·妖异部一》原文改作。

⑭「有」，原本作「主」，疑誤，據《太平御覽·卷八百八十五·妖异部一》原文改作。

⑮「袁琇」，原本作「玄瑛」，疑誤，據《晉書·志第十八·五行中》原文改作。

⑯「馥」，原本作「福」，疑誤，據《太平御覽·卷八百八十五·妖异部一》原文改作。

⑰「人」，原本作「吾」，疑誤，據《太平御覽·卷九百五·獸部十七》原文改作。

⑱「戊」，原本脫漏，據《太平御覽·卷九百五·獸部十七》原文補入。

⑲「吳」，原本作「吾」，疑誤，據《太平御覽·卷九百二十·羽族部七》原文改作。

⑳「之」，原本脫漏，據《太平御覽·卷九百二十·羽族部七》原文補入。

㉑「玄」，原本作「大」，疑誤，據《太平御覽·卷九百二十·羽族部七》原文改作。

㉒「太」，原本作「大」，疑誤，據《太平御覽·卷九百二十·羽族部七》原文改作。

㉓「郭」，原本脫漏，據《太平御覽·卷九百四十八·蟲豸部五》原文補入。

㉔「晉」，原本脫漏，據《太平廣記·卷第一百三十五·徵應一（帝王休徵）》原文補

入。

㊄「曰」，原本作「中」，疑誤，據《太平廣記·卷第二百十六·卜筮一》原文改作。

㊅「日」，原本作「口」，疑誤，據《周易參同契·龍虎兩弦章第九》原文改作。

校注參考文獻資料

《易經》
《晉書》
《宋史》
《元史》
《說郛》
《易洞林》
《後漢書》
《清史稿》
《經義考》
《初學記》
《郭氏洞林》
《太平廣記》
《太平御覽》
《藝文類聚》

《北堂書鈔》
《周易參同契》
《漢上易傳叢説》
《周易啓蒙翼傳》
《三千五百年曆日天象》
《新鍥纂集諸家全書大成斷易天機》

《周易洞林》校對整理說明

《周易洞林》一卷，據心一堂版《周易洞林》（《漢魏遺書鈔》本）錄入校對整理。《漢魏遺書鈔》收錄本爲清•王謨輯錄，清嘉慶三年（公元1798年）王謨刻本。

《周易洞林》一書，並非郭璞原著，而是一個輯錄的版本，其內容來自《晉書•郭璞傳》、《郭氏洞林》、《太平御覽》、《太平廣記》、《說郛》《北堂書鈔》等著作收錄的一些片段。因此，在整理過程中，儘量採用原著原文進行對比，對於轉抄引用過程中出現的文字錯誤，以能查找到的更早的文獻，進行校正。

此書重新標點、校對、注釋，說明如下：

一、原版沒有書名號、卦名號，現據其內容和文意補入。

二、原版沒有標點，今揣摩其文意，採用現代標點方式進行標點。然因作者學力所限，其標點未必盡能如意。不當之處，還望方家不吝指正。

三、對生僻字采用脚注標出，采用《漢典》現代漢語拼音注音，簡注字意。

四、原版文字因年代久遠，其涉及的地名，人物，專業術語複雜。因此，對古代地名、人名或其他不易理解的概念，用脚注的方式加以說明，供讀者參考。

五、在每個卦例下，採用「元亨利貞網-納甲六爻在綫排卦系統」，排卦附後。

初校稿完成於：2008年9月14日
二校稿完成於：2008年11月20日
三校注釋定稿：2009年1月4日
修訂注釋定稿：2014年8月24日
統一重校定稿：2019年7月1日

京氏易學愛好者　湖北省潛江市　虎易
網名：虎易
QQ：77090074
微信：wxid_e9cvbx1mugcf22
電子郵箱：tiger1955@163.com
新浪博客：http://blog.sina.com.cn/hbhy
http://blog.sina.com.cn/u/1248458677

62	地理辨正補註 附 元空秘旨 天元五歌 玄空精髓 心法秘訣等數種合刊	【民國】胡仲言	貫通易理、巒頭、三元、三合、天星、中醫
63	地理辨正自解	【清】李思白	公開玄空家「分率尺、工部尺、量天尺」之秘
64	許氏地理辨正釋義	【民國】許錦灝	民國易學名家黃元炳力薦
65	地理辨正天玉經內傳要訣圖解	【清】程懷榮	秘訣一語道破，圖文并茂
66	謝氏地理書	【民國】謝復	玄空體用兼備、深入淺出
67	論山水元運易理斷驗、三元氣運說附紫白訣等五種合刊	【宋】吳景鸞等	失傳古本《玄空秘旨》《紫白訣》
68	星卦奧義圖訣	【清】施安仁	三元玄空門內秘笈 清鈔孤本 過去均為必須守秘不能公開秘密 與今天流行飛星法不同
69	三元地學秘傳	【清】何文源	
70	三元玄空挨星四十八局圖說	心一堂編	
71	三元挨星秘訣仙傳	心一堂編	
72	三元地理正傳	心一堂編	
73	三元天心正運	心一堂編	
74	元空紫白陽宅秘旨	心一堂編	
75	玄空挨星秘圖 附 堪輿指迷	心一堂編	
76	姚氏地理辨正圖說 附 地理九星并挨星真訣全圖 秘傳河圖精義等數種合刊	【清】姚文田等	蓮池心法 玄空六法 門內秘鈔本首次公開
77	元空法鑑批點本——附 法鑑口授訣要、秘傳玄空三鑑奧義匯鈔 合刊	【清】曾懷玉等	
78	元空法鑑心法	【清】曾懷玉等	
79	曾懷玉增批蔣徒傳天玉經補註【新修訂版原（彩）色本】	【清】項木林、曾懷玉	
80	地理學新義	【民國】俞仁宇撰	揭開連城派風水之秘
81	地理辨正揭隱（足本）附連城派秘鈔口訣	【民國】王邈達	
82	趙連城傳地理秘訣附雪庵和尚字字金	【明】趙連城	
83	趙連城秘傳楊公地理真訣	【明】趙連城	巒頭風水，內容簡核、深入淺出
84	地理法門全書	仗溪子、芝罘子	
85	地理方外別傳	【清】熙齋上人	巒頭形勢、「望氣」「鑑神」
86	地理輯要	【清】余鵬	集地理經典之精要
87	地理秘珍	【清】錫九氏	巒頭、三合天星，圖文並茂
88	《羅經舉要》附《附三合天機秘訣》	【清】賈長吉	清鈔孤本羅經、三合訣法圖解
89－90	嚴陵張九儀增釋地理琢玉斧巒	【清】張九儀	清初三合風水名家張九儀經典清刻原本！

91	地學形勢摘要	心一堂編	形家秘鈔珍本
92	《平洋地理入門》《巒頭圖解》合刊	【清】盧崇台	平洋水法、形家秘本
93	《鑒水極玄經》《秘授水法》合刊	【唐】司馬頭陀、【清】鮑湘襟	千古之秘，不可妄傳匪人
94	平洋地理闡秘	心一堂編	雲間三元平洋形法秘鈔珍本
95	地經圖說	【清】余九皋	形勢理氣、精繪圖文
96	司馬頭陀地鉗	【唐】司馬頭陀	流傳極稀《地鉗》
97	欽天監地理醒世切要辨論	【清】欽天監	公開清代皇室御用風水真本
三式類			
98－99	大六壬尋源二種	【清】張純照	六壬入門、占課指南
100	六壬教科六壬鑰	【民國】蔣問天	由淺入深，首尾悉備
101	壬課總訣	心一堂編	過去術家不外傳的珍稀六壬術秘鈔本
102	六壬秘斷	心一堂編	
103	大六壬類闡	心一堂編	
104	六壬秘笈——韋千里占卜講義	【民國】韋千里	六壬入門必備
105	壬學述古	【民國】曹仁麟	依法占之，「無不神驗」
106	奇門揭要	心一堂編	集「法奇門」、「術奇門」精要
107	奇門行軍要略	【清】劉文瀾	條理清晰、簡明易用
108	奇門大宗直旨	劉毗	天下孤本　首次公開
109	奇門三奇干支神應	馮繼明	虛白廬藏本《秘藏遁甲天機》
110	奇門仙機	題【漢】張子房	奇門不傳之秘　應驗如神
111	奇門心法秘纂	題【漢】韓信（淮陰侯）	
112	奇門廬中闡秘	題【三國】諸葛武侯註	
選擇類			
113－114	儀度六壬選日要訣	【清】張九儀	清初三合風水名家張九儀擇日秘傳
115	天元選擇辨正	【清】一園主人	釋蔣大鴻天元選擇法
其他類			
116	述卜筮星相學	【民國】袁樹珊	民初二大命理家南袁北韋
117－120	中國歷代卜人傳	【民國】袁樹珊	南袁之術數經典

占筮類			
121	卜易指南(二種)	【清】張孝宜	民國經典，補《增刪卜易》之不足
122	未來先知秘術——文王神課	【民國】張了凡	內容淺白、言簡意賅、條理分明
星命類			
123	人的運氣	汪季高(雙桐館主)	五六十年香港報章專欄結集！
124	命理尋源		
125	訂正滴天髓徵義		
126	滴天髓補註 附 子平一得	【民國】徐樂吾	民國三大子平命理家徐樂吾必讀經典！
127	窮通寶鑑評註 附 增補月談賦 四書子平		
128	古今名人命鑑		
129-130	紫微斗數捷覽(明刊孤本)[原(彩)色本] 附 點校本 (上)(下)	馮一、心一堂術數古籍整理編校小組 整理	明刊孤本　首次公開！
131	命學金聲	【民國】黃雲樵	民國名人八字、六壬奇門推命
132	命數叢譚	【民國】張雲溪	子平斗數共通、百多民國名人命例
133	定命錄	【民國】張一蟠	民國名人八十三命例詳細生平
134	《子平命術要訣》《知命篇》合刊	【民國】鄒文耀、【民國】胡仲言 撰	《子平命術要訣》科學命理；《知命篇》易理皇極、命理地理、奇門六壬互通
135	科學方式命理學	閻德潤博士	匯通八字、中醫、科學原理！
136	八字提要	韋千里	民國三大子平命理家韋千里必讀經典！
137	子平實驗錄	【民國】孟耐園	作者四十多年經驗　占卜奇靈　名震全國！
138	民國偉人星命錄	【民國】囂囂子	幾乎包括所民初總統及國務總理八字！
139	千里命鈔	韋千里	失傳民初三大命理家-韋千里　代表作
140	斗數命理新篇	張開卷	現代流行的「紫微斗數」內容及形式上深受本書影響
141	哲理電氣命數學——子平部	【民國】　彭仕勛	命局按三等九級格局、不同術數互通借用
142	《人鑑——命理存驗·命理擷要》(原版足本)附《林庚白家傳》	【民國】林庚白	傳統子平學修正及革新、大量名人名例
143	《命學苑苑刊——新命》(第一集)附《名造評案》《名造類編》等	【民國】林庚白、張一蟠等撰	史上首個以「唯物史觀」來革新子平命學結集
相術類			
144	中西相人探原	【民國】袁樹珊	按人生百歲，所行部位，分類詳載
145	新相術	【美國】字拉克福原著、【民國】沈有乾編譯	通過觀察人的面相身形、色澤舉止等，得知性情、能力、習慣、優缺點等
146	骨相學	【民國】風萍生編著	結合醫學中生理及心理學，影響近代西、日、中相術深遠
147	人心觀破術　附運命與天稟	【日本】管原如庵、加藤孤雁原著，【民國】唐真如譯	觀破人心、運命與天稟的奧妙

148	《人相學之新研究》《看相偶述》合刊	盧毅安	集中外大成，無不奇驗；影響近代香港相術名著
149	冰鑑集	【民國】碧湖鷗客	各家相法精華、相術捷徑、圖文並茂附名人照片
150	《現代人相百面觀》《相人新法》合刊	【民國】吳道子輯	失傳民初相學經典二種　重現人間！
151	性相論	【民國】余晉龢	民初北平公安局專論相學與犯罪專著（犯罪學生物學派）
152	《相法講義》《相理秘旨》合刊	韋千里、孟瘦梅	命理學大家韋千里經典、傳統相術秘籍精華
153	《掌形哲學》附《世界名人掌形》《小傳》	【民國】余萍客	圖文并茂、附歐美名人掌形圖及生平簡介
154	觀察術	【民國】吳貴長	可補充傳統相術之不足
堪輿類			
155	羅經消納正宗	【明】沈昇撰、【明】史自成、丁孟章合纂	失傳四庫存目珍稀風水古籍
156	風水正原		●積德為求地之本，形家必讀！
157	安溪地話（風水正原二集）	【清】余天藻	●純宗形家，與清代欽天監地理風水主張大致相同
158	《蔣子挨星圖》附《玉鑰匙》	【清】蔣大鴻等傳	窺知無常派章仲山一脈真傳奧秘
159	樓宇寶鑑	吳師青	陽宅風水必讀、現代城市樓宇風水看法改革
160	《香港山脈形勢論》《如何應用日景羅經》合刊		香港風水山脈形勢專著
161	三元真諦稿本——讀地理辨正指南	【民國】王元極	被譽為蔣大鴻、章仲山後第一人　內容直接了當，盡揭三元玄空家之秘
162	三元陽宅萃篇		
163	王元極增批地理冰海　附批點原本地理冰海	【清】高守中　【民國】王元極	
164	地理辨正發微	【清】唐南雅	極之清楚明白，披肝露膽
165-167	增廣沈氏玄空學　附　仲山宅斷秘繪稿本三種、自得齋地理叢說稿鈔本（上）（中）（下）	【清】沈竹礽	玄空必讀經典！附《仲山宅斷》幾種鈔本及批點本，畫龍點晴、披肝露膽，道中刊印本未點破的秘訣
168-169	巒頭指迷（上）（下）	【清】尹貞夫原著、【民國】何廷珊增訂、批注	圖文并茂：龍、砂、穴、水、星辰九十九變　洩漏天機：蔣大鴻、賴布衣挨星秘訣及用法
170-171	三元地理真傳（兩種）（上）（下）	【清】趙文鳴	蔣大鴻嫡派真傳張仲馨一脈二十種家傳秘本、宅墓案例三十八圖，並附天星擇日
172	三元宅墓圖　附　家傳秘冊		
173	宅運撮要	【民國】尤惜陰（演本法師）、榮柏雲	撮三集《宅運新案》之精要
174	章仲山秘傳玄空斷驗筆記　附　章仲山斷宅圖註	【清】章仲山傳、【清】唐鷺亭纂	無常派玄空不外傳秘中秘！二宅實例有斷驗及改造內容
175	汪氏地理辨正發微　附　地理辨正真本	【清】蔣大鴻、姜垚原著、【清】汪云吾發微	蔣大鴻嫡派張仲馨一脈三元理、法、訣具體泄露　三百年來最佳《地理辦正》註解！石破天驚！
176	蔣大鴻家傳歸厚錄汪氏圖解	【清】蔣大鴻、【清】汪云吾圖解	
177	蔣大鴻嫡傳三元地理秘書十一種批注	【清】蔣大鴻原著、【清】汪云吾、【清】劉樂山註	

178	《星氣(卦)通義(蔣大鴻秘本四十八局圖并打劫法)》《天驚秘訣》合刊	題【清】蔣大鴻 著	江西興國真傳三元風水秘本
179	蔣大鴻嫡傳天心相宅秘訣全圖附陽宅指南等秘書五種	【清】蔣大鴻編訂、【清】汪云吾、劉樂山註	蔣大鴻徒張仲馨秘傳陽宅風水「教科書」！
180	家傳三元地理秘書十三種		真天宮之秘　千金不易之寶
181	章仲山門內秘傳《堪輿奇書》附《天心正運》	【清】章仲山傳、【清】華湛恩	直洩無常派章仲山玄空風水不傳之秘
182	《挨星金口訣》、《王元極增批補圖七十二葬法訂本》合刊	[民國]王元極	秘中秘——玄空挨星真訣公開！字字千金！
183-184	《家傳三元古今名墓圖集附謝氏水鉗》《蔣氏三元名墓圖集》合刊(上)(下)	(清)孫景堂，劉樂山，張稼夫	蔣大鴻嫡傳風水宅案、幕講師、蔣大鴻、姜垚等名家多個實例，破禁公開！
185-186	《山洋指迷》足本兩種　附《尋龍歌》(上)(下)	【明】周景一	風水巒頭形家必讀《山洋指迷》足本！
187-196	蔣大鴻嫡傳水龍經注解　附　虛白廬藏珍本水龍經四種(1-10)	【清】蔣大鴻編訂、【清】楊臥雲、汪云吾、劉樂山註	蔣大鴻嫡傳一脈授徒秘笈　希世之寶　千年以來，師師相授之秘旨，破禁公開！完整了解蔣氏嫡派真傳一脈三元理、法、訣！附已知最古《水龍經》鈔本等五種稀見《水龍經》
197	批注地理辨正直解	【清】章仲山	無常派玄空必讀經典未刪改本！
198	《天元五歌闡義》附《元空秘旨》(清刻原本)		
199	心眼指要(清刻原本)		
200	華氏天心正運	【清】華湛恩	
201-202	批注地理辨正再辨直解合編(上)(下)	【清】蔣大鴻原著、【清】姚銘三再註、【清】章仲山直解	失傳姚銘三玄空經典重現人間！名家：沈竹礽、王元極推薦！
203	章仲山注《玄機賦》《元空秘旨》附《口訣中秘訣》《因象求義》等九種合刊	【清】章仲山	近三百年來首次公開！　章仲山無常派玄空秘密，和盤托出！章仲山注《玄機賦》及章仲山原傳之口訣及筆記
204	章仲山門內真傳《三元九運挨星篇》《運用篇》《挨星定局篇》《口訣篇》等合刊	【清】章仲山、柯遠峰等	
205	章仲山門內真傳《大玄空秘圖訣》《天驚訣》《飛星要訣》《九星斷略》《得益錄》等合刊	【清】章仲山、冬園子等	
206	撼龍經真義	吳師青註	近代香港名家吳師青必讀經典
207	章仲山嫡傳《翻卦挨星圖》《秘鈔元空秘旨》　附《秘鈔天元五歌闡義》	【清】章仲山傳、【清】王介如輯撰	透露章仲山家傳玄空嫡傳學習次弟及關鍵不傳之秘
208	章仲山嫡傳秘鈔《秘圖》《節錄心眼指要》合刊		
209	《談氏三元地理大玄空實驗》附《談養吾秘稿奇門占驗》	【民國】談養吾撰	史上首次公開「無常派」下卦起星等挨星秘密之書
210	《談氏三元地理濟世淺言》附《打開一條生路》		了解談氏入世的易學卦德爻象思想
211-215	《地理辨正集註》附　《六法金鎖秘》《巒頭指迷真詮》《作法雜綴》等(1-5)	【清】尋緣居士	集《地理辨正》一百零八家註解大成精華　匯巒頭及蔣氏、六法、無常、湘楚等秘本　史上最大篇幅的《地理辨正》註解
216	三元大玄空地理二宅實驗(足本修正版)	【民國】尤惜陰(演本法師)、榮柏雲撰	三元玄空無常派必讀經典足本修正版

217	蔣徒呂相烈傳《幕講度針 》附《元空秘斷》《陰陽法竅》《挨星作用》	【清】呂相烈	蔣大鴻門人呂相烈三元秘本三百年來首次破禁公開！
218	挨星撮要（蔣徒呂相烈傳）		
219 | 221	《沈氏玄空挨星圖》《沈註章仲山宅斷未定稿》《沈氏玄空學（四卷原本）》合刊（上中下）	【清】沈竹礽　等	揭開沈氏玄空挨星五行吉凶斷的變化及不同用法 章仲山宅斷未刪本、沈氏玄空學原本佚文、玄空挨星圖稿鈔本　大公開！
222	地理穿透真傳（虛白廬藏清初刻原本）	【清】張九儀	三合天星家宗師張九儀畢生地學精華結集
223 | 224	地理元合會通二種（上）（下）	【清】姚炳奎	分發兩家（三元、三合）之秘，會通其用詳解注羅盤（蔣盤、賴盤）；義理、斷驗俱精
其他類			
225	天運占星學　附　商業周期、股市粹言	吳師青	天星預測股市，神準經典
226	易元會運	馬翰如	《皇極經世》配卦以推演世運與國運
三式類			
227	大六壬指南（清初木刻五卷足本）		六壬學占驗課案必讀經典海內善本
228 | 229	甲遁真授秘集（批注本）（上）（下）	【清】薛鳳祚	明清皇家欽天監秘傳奇門遁甲 奇門、易經、皇極經世結合經典
230	奇門詮正	【民國】曹仁麟	簡易、明白、實用，無師自通！
231	大六壬探源	【民國】袁樹珊	民初三大命理家袁樹研究六壬四十餘年代表作
232	遁甲釋要	【民國】徐昂	推衍遁甲、易學、洛書九宮大義！
233	《六壬卦課》《河洛數釋》《演玄》合刊		疏理六壬、河洛數、太玄隱義！
234	六壬指南（【民國】　黃企喬）	【民國】　黃企喬	失傳經典　大量實例
選擇類			
235	王元極校補天元選擇辨正	原【清】謝少暉輯、【民國】王元極校補	三元地理天星選日必讀
236	王元極選擇辨真全書　附　秘鈔風水選擇訣	【民國】王元極	王元極天昌館選擇之要旨
237	蔣大鴻嫡傳天星選擇秘書注解三種	【清】蔣大鴻編訂、【清】楊臥雲、汪云吾、劉樂山註	蔣大鴻陰陽二宅天星擇日日課案例！
238	增補選吉探源	【民國】袁樹珊	按表檢查，按圖索驥：簡易、實用！
239	《八風考略》《九宮撰略》《九宮考辨》合刊	沈瓞民	會通沈氏玄空飛星立極、配卦深義
其他類			
240	《中國原子哲學》附《易世》《易命》	馬翰如	國運、世運的推演及預言

心一堂術數古籍整理叢刊

全本校註增刪卜易	【清】野鶴老人	李凡丁（鼎升）校註
紫微斗數捷覽（明刊孤本）附點校本	傳【宋】陳希夷	馮一、心一堂術數古籍整理小組點校
紫微斗數全書古訣辨正	傳【宋】陳希夷	潘國森辨正
應天歌（修訂版）附格物至言	【宋】郭程撰　傳	莊圓整理
壬竅	【清】無無野人小蘇郎逸	劉浩君校訂
奇門祕覈（臺藏本）	【元】佚名	李鏘濤、鄭同校訂
臨穴指南選註	【清】章仲山　原著	梁國誠選註
皇極經世真詮—國運與世運	【宋】邵雍　原著	李光浦

心一堂當代術數文庫

增刪卜易之六爻古今分析	愚人
命理學教材（第一級）	段子昱
命理學教材 之 五行論命口訣	段子昱
斗數詳批蔣介石	潘國森
潘國森斗數教程（一）：入門篇	潘國森
紫微斗數登堂心得：三星秘訣篇——潘國森斗數教程（二）	潘國森
紫微斗數不再玄	犂民
玄空風水心得（增訂版）（附流年催旺化煞秘訣）	李泗達
玄空風水心得（二）——沈氏玄空學研究心得（修訂版）附流年飛星佈局	李泗達
廖氏家傳玄命風水學（一）——基礎篇及玄關地命篇	廖民生
廖氏家傳玄命風水學（二）——玄空斗秘篇	廖民生
廖氏家傳玄命風水學（三）——楊公鎮山訣篇附斷驗及調風水	廖民生
廖氏家傳玄命風水學（四）——秘訣篇：些子訣、兩元挨星、擇吉等	廖民生
《象數易——六爻透視：入門及推斷》修訂版	愚人
《象數易——六爻透視 財股兩望》	愚人
《象數易——六爻透視：病在何方》	愚人
《象數易——六爻透視：自身揭秘》	愚人
命卜隨筆	林子傑

心一堂易學經典文庫　已出版及即將出版書目

宋本焦氏易林（上）（下）	【漢】焦贛
周易易解（原版）（上）（下）	【清】沈竹礽
《周易示兒錄》附《周易說餘》	【清】沈竹礽
三易新論（上）（中）（下）	沈瓞民
《周易孟氏學》《周易孟氏學遺補》《孟氏易傳授考》	沈瓞民
京氏易八卷（清《木犀軒叢書》刊本）	【漢】京房
京氏易傳古本五種	【漢】京房
京氏易傳箋註	【民國】徐昂
推易始末	【清】毛奇齡
刪訂來氏象數圖說	【清】張恩霨
周易卦變解八宮說	【清】吳灌先
易觸	【清】賀子翼
易義淺述	何遯翁